西安交通大学
人口与发展研究所·学术文库

微观视角下劳动力外出务工与农户生计可持续发展

Labor Out-migration and

the Rural Household's Sustainable LIVELIHOOD

From the Micro-PERSPECTIVE

李　聪　李树苗
〔美〕费尔德曼　／著

社会科学文献出版社
SOCIAL SCIENCES ACADEMIC PRESS (CHINA)

总　　序

　　西安交通大学人口与发展研究所一直致力于社会性别歧视与弱势群体问题的研究，在儿童、妇女、老年人、失地农民、城乡流动人口和城镇困难企业职工等弱势群体的保护和发展等领域进行了深入研究。研究所注重国内外的学术交流与合作，已承担并成功完成了多项国家级、省部级重大科研项目及国际合作项目，在弱势群体、人口与社会发展战略、公共政策研究等领域积累了丰富的理论与实践经验。

　　研究所拥有广泛的国际合作网络，与美国斯坦福大学人口与资源研究所、杜克大学、加州大学尔湾分校、南加州大学、加拿大维多利亚大学、圣塔菲研究所等国际知名大学和研究机构建立了长期的学术合作与交流关系，形成了研究人员互访和合作课题研究等机制；同时，研究所多次受到联合国人口基金会、联合国儿童基金会、联合国粮农组织、世界卫生组织、国际计划、美国 NIH 基金会、美国福特基金会、麦克阿瑟基金会等国际组织的资助，合作研究了多项有关中国弱势群体问题的科研项目。国际合作使研究所拥有了相关学术领域的国际对话能力，扩大了国际影响力。

　　研究所注重与国内各级政府部门的密切合作，已形成了与国家、地方各级政府的合作研究网络，为研究的开展及研究成果的扩散与推广提供了有利条件和保障。研究所多次参与有关中国弱势群体、国家和省区人口与发展战略等重大社会问题的研究，在国家有关政府部门、国际机构的共同合作与支持下，在计划生育和生殖健康、女童生活环境等领域系统地开展了有关弱势群体问题的研究，并将研究结果应用于实践，进行了社区干预与传播扩散。1989 年以来研究所建立了社会实验基地 6 个，包括"全国 39 个县建设新型婚育文化社区实验网络"（1998～2000 年，国家人口和计划生育委员会）、"巢湖改善女孩生活环境实验区"（2000～2003 年，美国福特基金会、国家人口和计划生育委员会）、"社会性别引入生殖健康的实验和推广"（2003 年至今，美国福特基金会、联合国人口基金会和国家人口与计划生育委员会）等。其中，"巢湖改善女孩生活环境实验区"在国内外产生了重要影响，引起了国家和社会各界对男孩偏好问题的重视，直接推动了全国"关爱女孩行动"的开展。

近年来，研究所开始致力于人口与社会可持续发展的理论、方法、政策和实践的系统研究，尤其关注以社会性别和社会弱势人群的保护与发展为核心的交叉领域。作为国家"985 工程"二期"人口与经济社会可持续发展政策与管理创新"研究基地的重要组成部分，研究所目前的主要研究领域包括：人口与社会复杂系统的一般理论、分析方法与应用研究——探索人口与社会复杂系统的理论和方法、分析人口与社会复杂系统的一般特征及结构，建立人口与社会复杂系统模型，深入分析社会发展过程中出现的重大人口与社会问题并为其提供理论和方法指导；人口与社会政策创新的一般理论、分析方法与应用研究——分析人口与社会政策创新的理论内涵与模式，人口与社会政策创新的政策环境、条件、机制、过程与应用，建立人口与社会政策创新评估体系；转型期面向弱势群体保护与发展的社会政策创新研究、评价与实践——以多学科交叉的研究方法，研究农村流动人口在城镇社会的融合过程，分析农民工观念与行为的演变及其影响机制，研究农村流动人口与社会后果，探索促进农民工社会融合的途径，探讨适合中国国情的城市化道路；国家人口与社会可持续发展决策支持系统的研究与应用——在人口与社会复杂系统和人口与社会政策创新研究的基础上，结合弱势群体研究所得到的结果，面向国家战略需求，从应用角度建立人口与社会可持续发展决策支持系统，形成相应的数据库、模型库、知识库和方法库，解决人口与社会可持续发展过程中的重大战略问题。

中国社会正处于人口与社会的急剧转型期，性别歧视、城乡社会发展不平衡、弱势群体生活困难等问题日益凸显，社会潜在危机不断增大，影响并制约着人口与社会的可持续发展。西安交通大学人口与发展研究所的研究成果有利于解决中国社会面临的以社会性别和弱势群体保护与发展为核心的人口与社会问题。本学术文库将陆续推出其学术研究成果，以飨读者。

内容简介

　　作为家庭的整体决策，家中劳动力外出务工的"迁移"行为是农户一项重要的生计活动，也是中国转型社会的重要人口特征。在西部贫困山区，劳动力外出务工是农户应对流出地风险和资源稀缺限制，实现家庭收入多样化以对抗贫困的一种生计策略。这一行为也极大地改变了贫困农户的资本水平与组合形式，同时也给原有的生计带来机遇与挑战。从可持续发展的角度看，劳动力迁移后，流出地家庭的生产和生活状况将发生怎样的变化，家庭人口的动态变化能否成为留守成员的调整策略，能否成为实现收入多样化并提高生活水平的契机，还需要综合考虑农户的家庭特征和相应的外部性制度。可持续生计的思想和理论为深入观察农户提供了新的视角，也为系统分析这一动态循环过程带来了新的思路。

　　本书借鉴了可持续生计框架的相关理论和思想，将劳动力迁移引入可持续生计框架中，并根据新迁移经济学的理论和西部贫困山区的实际情况，构建了用来分析劳动力迁移影响西部贫困山区农户生计的整体框架，之后利用陕西周至山区的专项调查数据作了系统的实证分析。本书的研究深入分析了劳动力迁移背景下西部贫困脆弱地区农户的生计现状、影响因素和后果，对制定促进西部贫困脆弱地区农户生计可持续的公共管理政策具有重要的参考价值；同时，本书在人口动态性的视角下，将经济学的理论和方法引入可持续生计框架，用于促进农户生计可持续发展的公共管理研究，不仅可以丰富管理学的研究方法，而且有助于解决管理科学领域的现实问题。同时对于丰富可持续生计框架的理论基础，拓展应用领域都具有积极意义。本书指出在贫困脆弱地区的扶贫和环境政策的制定中应该充分考虑劳动力迁移的作用，为有效解决"三农"问题、实现可持续发展提供理论依据和政策建议。

ABSTRACT

As a family decision, the labor out migration of rural households is a major characteristic of recent population development in China, as well as a major livelihood activity influenced by the risky nature of rural production and the difficulties of self insurance in low-income rural setting. These changes have had complicated but significant impacts on rural households' capital level and configuration. From the perspective of sustainability, the impact of migration on the migrants' households of origin should be received increased attention in view of the potential role that it can play in bring both opportunity and challenge to the poor family of origin. In fact, incomes from these other activities by family members left behind depend on household's capability to allocate and transfer its resources after migration. Especially in the poor areas, the limitation of this self-development capability contributes to poverty and constrains households' ability to improve their economic power. The theory and principle of sustainable livelihood provides a micro-level and system perspective for fully understanding the household decision in terms of the household dynamics and households' livelihood in low-income areas.

Based on the principle and theory of Sustainable Livelihoods Framework, this paper brings migration perspective into the Sustainable Livelihoods Framework and improves the Rural Household Model to analyze the influence of labor out-migration in western China mountain area on households' livelihood in terms of livelihood capitals, production strategy and expenditure strategy in sending community. Employing the survey data of 1074 households from Qinling mountain area in 2008, it examines the effect of local and out migration on livelihood. The analysis may contribute to the development of an approach to improving household livelihood in remote mountain areas of western China.

前　　言

　　西安交通大学人口与发展研究所一直从事中国社会转型中弱势群体的保护与发展领域的社会问题研究。自 2006 年以来，研究所与美国斯坦福大学（Stanford University）、世界自然基金会（World Wildlife Fund）、大自然保护协会（The Natural Conservation）等研究机构建立了学术合作关系，开始关注农户的人口动态性、农户生计及其引起的环境变迁问题。美国斯坦福大学的 Gretchen C. Daily 教授是一位著名的生态学家，多年来，她一直倡导对环境保护有利可图的新生态经济，并在全球各地探索与寻找正在发生的可能迹象。2006 年 3 月，我们在世界两大环境保护组织 TNC、WWF 与斯坦福大学共同合作的"The Natural Capital Project"项目的资助下，以西部山区农户的贫困问题作为研究背景，将近年来在国际扶贫领域较为流行的生计分析方法引入了公共管理和经济学领域，在农户的人口动态性、农户的社会性别观念与行为、农户的生计决策形成机制、贫困与脆弱性测度和农户的环境观念与行为等研究领域进行了一系列探索性研究。从 2007 年开始，这些研究领域相继受到国家自然科学基金（70773094）、国家社会科学基金（09CJY071）等多个项目的资助。2008 年 4 月，在西安市周至县政府的大力协助下，我们在秦岭北麓周至县的厚畛子乡、王家河乡、陈河乡和板房子乡组织了针对农户生计与环境变迁的问卷调查，将前期的研究成果应用于农户生计问题的研究，形成了四个主要专题：（1）包括外出务工和社会性别因素在内的家庭人口因素对农户生计资本、生计策略和生计后果的影响研究；（2）基于收入与消费局部可分的农户生计决策模型研究；（3）农户的贫困与贫困脆弱性测度研究；（4）农户的环境观念与环境行为研究。目前已发表学术论文 30 余篇，与斯坦福大学合作培养了 2 名博士后，已培养 3 名博士（已获博士学位）、数名硕士。上述专题的研究成果将陆续以专著的形式与读者分享。这些专题从不同侧面使用了周至县农户问卷调查数据，考虑到专著的独立性和读者阅读的方便性，在每一本专著中都介绍了数据采集过程，但介绍的重点因研究内容的不同而有所区别。

本书的研究重点是总课题专题一的部分成果，主要涉及家庭劳动力迁移与农户生计。中国的劳动力迁移这一显著现象从一开始就引起了学术界的关注，然而研究内容多集中在劳动力迁移对家庭成员的生产方式、生活方式、情感等方面的影响上，还没有从可持续生计角度对这一行为导致的农户生计策略和生计模式选择的内在机理进行系统的研究。这就需要一个系统的框架作为指导，综合考虑农户生产生活的各个环节，使劳动力迁移对农户生计影响的分析更系统、更全面。以英国国际发展部（DFID）为代表的可持续生计分析框架的提出为全面而系统地理解与分析农户贫困的深层次原因提供了路径支持。该框架能反映农户生计现状的全貌，并为洞察生计资本和生计策略之间的联系提供思路，在实践和学术领域受到越来越多的关注。然而，直接利用可持续生计框架来研究贫困地区劳动力迁移对农户生计的影响，还有一定的局限性：首先，可持续生计框架作为普适性的指导框架，缺乏对特定问题的分析指导能力；其次，劳动力迁移成为既定的策略之后，对农户后续的生计带来影响，留守成员会基于这一既定策略进行新的生计选择，新的决策又会带来不同的生计和环境后果，这一动态的生计变化却无法在原有框架中得以体现；再次，可持续生计框架以应用为导向，偏重于实践和干预，在分析劳动力迁移与生计这一主题时，必须和相关劳动力迁移的理论进行结合；最后，在应用可持续生计框架的实践过程中，它更多的是被作为一种问题核查清单或结构化思考方式来使用，并不能实现生计各环节的量化，特别是针对农户生计的改进或者退减的程度，通常需要与其他工具和方法相结合。因此，基于中国劳动力迁移的现实背景，结合可持续生计框架的思想和新迁移经济学相关理论与假设，将劳动力迁移引入可持续生计框架，最终形成了用来研究劳动力迁移对农户生计影响的整体分析框架。这个框架有利于从迁移视角深入认识西部地区的贫困和发展问题及推动生计研究的深入发展，也有助于对可持续生计框架理论基础的丰富和应用领域的拓展。

本书利用西安交通大学人口与发展研究所于 2007 年 1 月 ~ 2008 年 4 月

在陕西省周至县入户调查的定量数据，应用农户经济学的分析思路，从理论、框架、现状和影响四个方面系统研究劳动力迁移对农户生计的影响。首先，基于可持续生计框架与劳动力迁移的相关理论和研究构建本书的分析框架；其次，构建测度西部贫困山区农户的生计资本指标，分析西部贫困山区家庭劳动力迁移和不同的迁移特征对农户生计资本的影响；再次，细分迁移类型和生产策略，分析劳动力迁移对农户生产策略的影响；复次，从收入的两个维度探索汇款对农户不同支出项的影响机理；最后，对本书的研究结果进行总结，提出了有针对性的政策建议。

本书是西安交通大学人口与发展研究所农户生计课题组所有成员 5 年来工作的结晶。感谢课题组全体成员的辛勤劳动，特别感谢西安交通大学公共政策与管理学院人口与发展研究所的黎洁教授、梁义成博士和邰秀军博士，也感谢人口与发展研究所其他同人和周至县政府的大力协助，在此一并谢过。同时，本书也凝聚了我博士阶段所有的成果。感谢我的父母和妻子，他们无私的爱与给予，无限的包容与支持，是我多年来不断进取的动力之源。面对双鬓斑白、日渐苍老的双亲，我心中满是愧疚。我因为追求学业虽过而立，却仍未能在父母膝下尽孝犬马。愿此书得以回报远在他乡的二老。

由于我水平有限，书中不妥之处在所难免，恳请读者批评指正。

李　聪

2014 年 6 月

目　　录

Contents

第一章　绪论

第一节　研究背景

从 1980 年开始,中国农民的大规模跨区流动即"民工潮"日渐成为令人瞩目的社会现象。根据中国国家统计局发布的《2013 年农民工监测调查报告》,截至 2013 年底,农民工总量接近 2.69 亿人,比上年增加 633 万人,增长 2.4%。其中,外出农民工达 1.66 亿人,增加 274 万人,增长 1.7%;本地农民工 1.03 亿人,增加 359 万人,增长 3.6%。在外出农民工中,有 7739 万人跨省流动,8871 万人省内流动,分别占外出农民工的 46.6% 和 53.4%。其中,东部地区跨省流出农民工 882 万人,72.6% 的农民工仍在东部地区省际间流动;中部地区跨省流出农民工 4017 万人,89.9% 流向东部地区;西部地区跨省流出农民工 2840 万人,82.7% 流向东部地区。在跨省流动农民工中,流向东部地区的为 6602 万人,占 85.3%;流向中西部地区的为 1068 万人,占 13.8%(国家统计局,2014)。由此可见,外出务工已经成为农民生计的重要手段。虽然外出农民工的流向仍以东部地区为主,但随着西部经济的发展和西部大开发的大力推进,外出农民工向中西部地区转移明显。随着省内务工的农民工数量增多,未来会有更多来自西部本土的农民工投入西部地区的建设。规模庞大的农民工群体不仅是西部开发和经济发展的重要力量,同时,他们也是流出地宝贵的人力资源。他们的迁移对西部农村经济,特别是对贫困落后地区的发展产生了重大影响。

不同于东部和平原地区的农村劳动力迁移，西部贫困山区的劳动力迁移有着自身的特点。在东部和平原地区，城市化进程所带来的吸引力占据主导地位，而在西部贫困山区，本地就业的艰难和生存压力所表现的推力更加明显。在这些地区，贫困与环境的双重压力相互交织，构成了农户外出务工的主要原因。生态与生计的双重脆弱性是中国西部山区贫困的主要原因，也是制约新时期农村发展的屏障。农户的生存和发展对自然资源的依赖性较强，同时也受制于自然环境，单纯地依靠自然资源生产出来的产品不足以维持生计，尤其是在退耕还林等生态政策实施以后，农户以农林采集为主的传统生计活动受到了约束。所以，农户只有另辟蹊径，在发展生计的同时也降低对环境和资源的过分依赖。一方面，大量的劳动力从传统的农业生产中释放出来，而面对基础设施的落后和市场的不完善，加之环境政策和措施的约束，当地非农就业机会稀缺，劳动力本地转移的可能性较小；另一方面，伴随着城市化进程的加快和城乡二元经济结构的突出，更多的农村劳动力被吸引到城市务工。在此背景之下，外出务工成为西部贫困山区农户的首选生计活动，也成为转型时期重要的人口特征。

然而，不同于西方的城市化，制度因素和非制度因素的共同作用导致他们在就业、住房、子女教育、社会保障、福利待遇等方面处于城市的边缘地位。这使绝大部分农民工最终不得不选择返乡，仅有少数在城市发展得较为成功的人能留下。从代际的角度来看，当代农民工尤其是新生代农民工外出务工的动因已经实现了从"生存理性"到"经济理性"和"社会理性"的跃迁（文军，2001）。新生代农民工较老一代农民工在非农职业转换上具有更强烈的愿望，他们已不再像老一代一样，对土地还抱有很深的感情。相比较而言，他们更渴望离开土地留在城市。但制度和社会经济上的双重弱势地位使得新生代农民工也很难融入城市社会，返乡从事非农成为新生代农民工向现实妥协后无奈的次优选择。有研究表明，在当今中国社会经济的转型时期，中国新生代农民工更倾向于将外出务工视为人力资本和社会资本逐渐积累的过程，并希望以此为契机谋求实现向非农职业的转化。而由于所处生命周期的不同和家庭责任等原因，老一代农民工实现非农就业的愿望还是不如新生代农民工来得强烈。但是在这样的背景下，无论是新生代还是老一代外出务工农民，由于留城定居机会有限，多数人会返回家乡或者会为今后的返乡做打算，从而促使他们与家乡保持紧密联系。他们的外出也直接影响着家中成员的生产和生活。

外出成员和家乡的紧密联系既是迫于现实的选择，同时也体现着家庭的决策。关于劳动力外出的决策主体，在经典人口迁移理论和新迁移经济学理论中一直存在不同的观点。经典人口迁移理论认为个人是外出的决策主体，外出被视为基于预期收益最大化的个人决策（Todaro，1969）。而在新迁移经济学理论中，迁移行为则被视为贫困家庭应对流出地风险、脆弱性和资本可及性限制，实现家庭收入多样化以对抗贫困的一种家庭策略（Katz and Stark，1985；Stark and Bloom，1985）。新迁移经济学理论对研究中国农户成员外出务工有着很好的适用性，在中国传统的"家本位"的文化体系下，家庭作为一个利益共同体，某些个人特征仅仅是服从于家庭决策的次要因素（杜鹰和白南生，1997）。从家庭决策的角度出发，农户经济学的相关理论和假设为更好地描述和深入解释贫困山区劳动力外出务工决策提供了依据：首先，传统的单一效用模型作为分析农户决策的基本理论框架符合新迁移经济学关于家庭作为决策主体的基本假设（杨云彦和石智雷，2008），家庭成员在内部以纯粹的利他主义作为行为准则的假设也在某种程度上契合中国传统的家庭观念和成员之间的特殊关系（李强，2001）。其次，西部贫困山区以农林业为主的经济形式极为单一和落后，经济发展完全依靠自身的劳动力，但劳动投入不以工资的形式表现，因此更无法计算成本，而投入与产出常常又是不可分割的整体，所以追求利益最大化的农户选择了满足自家消费需求和劳动辛苦程度之间的平衡，而不是利润和成本之间的平衡（宋圭武，2002）。因此，西部偏远山区劳动力外出决策是一个需要综合考虑相关条件，并与家庭内部劳动分工密切相关的主题，这些条件包括家庭中的社会关系，以及在决定家庭目标时家庭权力的差异（艾利思，2006）。

农户经济学的相关思想也为更好地理解和分析中国西部地区劳动力外出这一家庭内的决策机制提供了帮助：家庭是一个制度，它的存在是为了降低人们实现特定目标的交易成本；这些目标包括生存保障、生产、抚养儿童、照顾老人等；这些目标无法在市场上有效地实现（Ben‐Porath，1980；Pollak，1985）。同时，劳动力外出这一家庭策略的形成也是家庭成员之间关系互动的结果，这一结果取决于各成员在家庭内的议价能力，而这种议价能力是根据劳动力个人的特征来判断的，尤其是外出者的个体特征（Doss，2003）。外出这一家庭策略的形成将动员农户面对这一新的机会做出选择，也是劳动力个人获得家庭之外的发展资源的过程，由于家庭成员是从各自的位置上参与这一过程的，所以外出对于不同性别和特征的个人来说意义也不尽相同（谭深，2004）。个人作为外出的实践主体承载家庭的希望，家庭在做出该成员外出的决策时也要充分考虑其个人素质是否达到家庭的基本要求。因此，外出被视为在家庭的相关特征背景下，并充分考虑了外出者个人的素质差异之后的家庭决策。作为一个整体，外出成员与留守成员的生计息息相关。

"生计"一词涵盖了农户生产生活的方方面面，特别是贫困农户维持生活的手段和方式。20 世纪 90 年代中期以来，国际上一些发展研究机构、非政府组织在总结近几十年来扶贫理论和实践的基础上，提出了"生计"概念，并用这一概念分析发展中国家农户的贫困、风险、脆弱性、性别等行为与策略。厘清"生计"的概念经历了一个不断持续的过程。基于不同的研究目的，学者们对"生计"这一概念的理解存在差异，所给出的定义也有所不同。同时研究者们还意识到"生计"的概念和定义中所含要素并非一成不变，它随着时间而演进变化。但在目前涉及生计的大多数研究中，多数学者采纳的定义是："生计是谋生的方式，该谋生方式是建立在能力（Capabilities）、资产（Assets）（包括储备物、资源、要求权和享有权）和活动（Activities）的基础之上。"（Chambers and Conway，1992）该定义直接关注研究主体对象所拥有的资产和他们在实践中所拥有的选择之间的联系，在此基础上人们采取不同的行动以创造生存所需的收入水平（Ellis，2000）。这一概念的提出为研究者提供了一个特别的视角，用以观察和研究与农村发展、扶贫和环保等息息相关的问题（李斌等，2004）。近年来，国内也有学者使用生计概念对贫困农户进行研究，然而，研究对象的主体仍停留在与贫困有关的家庭上，劳动力外出务工这一重要的生计途径未包含在框架之内，原有的可持续生计分析框架也无法体现外出务工带来的家庭生计策略的动态变化；另外，作为一般性的指导框架，可持续生计框架常常被当作应用导向的分析框架，在分析特定问题时仍需要同相关理论有机地结合起来，才能在学术研究和实际应用过程中做到深入，使研究和应用具有系统性。

从家庭决策的角度出发，劳动力的迁移改变了农户发展生计的"能力"，成为农户生计改变的契机。Sen（1997）认为，人具有两种属性，即自然属性和社会属性。人不单要拥有健康的身体，还应获得相应的经济和社会地位。在此基础上，他把"能力"视为人能够赖以生存并实现社会地位的功能要素。基于这一范畴，Chambers 和 Conway（1992）概括了能力在生计中所包含的几种表现形式：处在一定的外部生存环境中，个人和家庭处理胁迫和应对冲击的能力，以及在此之后发现并利用机会的能力。相对于外界所面临的负面变化，个人和家庭所拥有的这些能力不应是被动反应的，而应是主动性和适应性之间的互动。从这个层面上讲，"能力"的引入扩大了"生计"的范畴，它不再将目光停留在食物或者收入等浅层次的物质要素上，而是更重视人本身的能力发展。迁移通过交换家庭的劳动权利获得的能力不但提升了家庭的交换权利，弥补了所有权的缺失，还提高了家庭对其他所有权的获得（Sen，1982）。通过迁移获得的所有权的能力从横向来看是一种可行能力，从纵向来看是农户自我发展的能力。可见，迁移这一行为所带来的农户交换权利和所有权利的改变，以及最终对能力贫困的影响，都落脚在家庭的生计资本的变化上。迁移影响着家庭对各种资本的获得和使用，有助于农户快速地积累和形成生计资本组合以增强生计适应性并呈多样化（Sen，2003）。

总之，劳动力外出务工这一行为和经历对贫困农户的生计产生了并仍在继续产生着复杂而深远的影响（胡枫，2007）。迁移带来的变化构成了留守家庭成员进行新的生计选择的背景和前提条件。劳动力外流背景下农户禀赋及资产可及性的改变形成农户生计行为选择与决策的环境变量，也决定着农户生计策略选择的复杂性。在生计资本变动和要素约束下，农户进行不同的生产决策，并形成不同类型的生计策略。一方面，迁移能否改变传统的以农林采集为主的生产模式从而真正地摆脱贫困？另一方面，这一生计模式的改变又会对农户的生活带来什么样的影响？这些问题的回答对实现贫困农户的生计与环境可持续发展有着重要的意义，迁移后的农户生计状况值得关注。虽然目前很多研究都表明了家庭中主要劳动力迁移引起了生产、生活方式的变化，并肯定了迁移对农户生产和生活的积极影响。但对于迁移所引起的生计变化更侧重于从迁移的总体特征出发，偏重于对结果的分析，缺乏一个整体的框架来对这一问题的内在机制进行系统研究。此外，从生计的角度来分析家庭的劳动力外出对流出地家庭的影响缺乏专门的有针对性的资料收集，具体的实证研究较少。

本书利用可持续生计框架的相关理论，综合经济学、社会学、公共政策等多学科分析方法，系统地研究劳动力迁移对贫困农户生计的影响。具体而言，本研究在可持续生计框架的基础上，总结家庭人口动态变化的特征，将劳动力迁移引入可持续生计框架，并结合新迁移经济学理论和西部地区的实际情况，构建了劳动力迁移对西部贫困山区农户生计影响的整体框架，并运用统计分析和计量经济学方法对农户的生计资本、生产策略和支出策略进行研究，不但揭示了农户生计的现状，还考察了构成农户生计资本、生产策略和家庭支出策略各个方面的影响因素；并集中讨论了家中成员外出务工的迁移行为对家庭生计各个方面的影响；为促进西部贫困山区人与环境可持续发展提供政策建议。本书基于对劳动力迁移背景下西部贫困山区农户生计资本、生产策略，以及支出策略的系统研究，从微观层面上厘清了劳动力迁移对农户生计的作用机制，有利于从迁移视角深入认识西部地区的贫困和发展问题及推动生计研究的深入发展。本书的研究既是对可持续生计框架理论基础的丰富和应用领域的拓展，又为研究劳动力迁移问题提供了新的视角；同时有利于促进我国农村扶贫目标的最终实现和巩固西部生态环保政策，对于公共管理政策的制定具有重要的参考价值，对有效解决"三农"问题、实现可持续发展都有着重要的现实意义和社会意义。

第二节　概念界定

一　农户和家庭

家庭（Family）是"由婚姻、血缘或收养关系而产生的亲属间的共同生活组织"（夏征农，2002）。但因为亲缘关系等在不同地区的复杂性使我们很难划分家庭的界限，故而在经济分析中很难使用。户（Household）则是指成员生活和居住在一起的社会单位，户成员常常共同使用户收入，联合做出决策，在经济分析中被广泛使用。户可以作为家庭的子类存在，因为一个家庭可以划分为若干户（Ellis，1993）。有学者认为，农户即农民家庭，是"由血缘关系组合而成的一种社会组织形式"（胡豹，2004）。

本书中农户（Agricultural Household）与Ellis定义的农民（Peasant）相若，是指"主要依靠农业维持生计，依靠家庭劳动力从事农业生产的户，他们常常部分地参与到不完全或不完美的投入和产出市场"（Ellis，1993）。但与西方国家所存在的家庭农场（Farm Household）则有着较为明显的区别。后者往往是在完全市场中运作的农业组织形式，其生产和销售规模都超过中国普遍意义上的农户（韩喜平，2004）。本书所提到的"家庭"均指"农户"。

本书对农户调查的实际操作则借鉴了中国第二次农村普查的指标和方法，认为"住户是指有固定住所、由经济和生活联为一体的人员组成的单位。户籍上为一户，但实际上分户生活的，分户填报。户籍上为两户，实际上在一起生活的，按一户填报"。农户类似"农业生产经营户"，是指在农业用地和单独的设施中从事农作物种植业、林业、畜牧业、渔业，以及为本户之外提供农林牧渔服务的户。具体是指符合下列标准之一的户：年末经营耕地、园地、养殖面积在 0.1 亩及以上；年末经营林地、牧草地面积在 1 亩以上；全年出售和自产自用的农产品收入超过 500元以上。

在本研究中，农业活动主要包括农作物种植业和林业两大类。调查和定义也参照中国第二次农村普查：农作物种植业包括粮食、棉花、油料、麻类、粮料、烟草、蔬菜、花卉、园艺作物、瓜果、坚果、香料作物、中药材和其他农作物的种植，以及饲料作物种植业，茶、桑、果树种植及野生植物的采集等。林业包括林木的培育和种植、木材和竹材的采运以及林产品的采集。包括村及村以下的林木采伐，但不包括国家自然保护区的保护和管理以及城市树木、草坪的种植与管理。

二　劳动力迁移、劳动力外流和劳动力外出务工

"劳动力"一词在《现代汉语词典》（1978）中的解释是：（1）人用来生产物质资料的体力和脑力的综合，即人的劳动能力；（2）相当于一个成年人所具有的体力劳动能力，有时指参加劳动的人。本书主要采用第二种释义，即具备生产劳动能力的农民。

关于人口的迁移，在我国的许多研究中一直存在概念界定与统计口径不清楚的问题。根据魏津生于 1984 年最先对"迁移"所提出的定义："发生在国内不同省区或县（市、市辖区）之间的各类改变户口登记常住地的人口移动以及发生在各经济类型地区之间的和各自然类型地区之间的具有人口

学意义的改变户口登记常住地的人口移动"，可以看出，我国的人口迁移需要伴随着户籍的改变，这是由家庭登记或户籍制度决定的。在户籍的约束下，农村的居民要想向城市迁移或者从小城镇向大城市迁移都是比较困难的。因为保持户籍与居住地的一致性关系到教育、医疗、保险、住房以及其他社会福利的获得。然而，自从 20 世纪 90 年代以来，随着经济转型，我国出现了大规模的、自发性的、非户籍迁移的人口流动现象。该现象的发生使得原有对人口迁移的界定变得狭窄。在户籍制度的约束之下，这些由户籍标明的，与城镇户口相对的具有"农业户口"的"农村人口"的流动，在二元经济结构下表现出明显的中国特色，即"人户分离"。同时，这一时期的农村劳动力外流规模之大、速度之快、流向之复杂对流入地和流出地的经济、文化以及社会的各个方面都产生了并仍在产生着深远的影响。同其他国家的人口迁移比较，它们对人口流动、人口迁移的概念界定往往更加简单和直接。虽然国外对于概念的界定也未得到完全统一，但至少它们的人口流动和迁移不会受到户籍以及配套制度的约束。因此，国外关于迁移和流动人口的定义实际上包括了中国特色的"流动人口"，其外延实质上要大于中国的迁移人口的定义。

就行为对象来看，对于从农村流动到城市工作的这部分人，各个国家和地区对他们的称呼有所不同。如在英语词汇中有"Floating Population（流动人口）"和"Migrant（迁移者）"。Migrant 一般指那些改变其家庭登记地址的流动的居民。此外，还有一些迁移并不改变家庭登记地址。这些居民在一个新的居住地只停留较短的时间，且该行为具有一定的季节性和重复性，之后他们会重新回到家庭登记地，并继续从事农业活动。我国的官方语言常使用"流动人口（Floating Population）"一词，主要指那些不涉及常住户口变更的人口流动行为。在我国人口"流动"与"迁移"两个术语常被混淆。广义上"流动"包括出差、旅游、探亲等，但该词目前在我国似乎已成为外出务工人员的指代。

就行为本身来看，由于人口的流动是一种复杂的社会经济现象，并且对社会经济发展和人口空间分布起着举足轻重的作用，从不同角度对这一行为本身进行描述，主要有以下几个词语："Migration""Movement""Circulation""Mobility"等。其中，"Migration"一词的使用相对较为正式，并且在大量文献中被广泛使用。国内学者通常将其翻译为"迁移"，并通常用以指代那些跨地域从事社会经济活动的行为。其主体的常住地在这一过程中发生了地理位置上的转移，且这种改变通常具有永久性，至少在相当长一段时间内具有不可逆性。与此相对的是"Circulation"，指那种在相对较短时间跨度内进行的循环往返式的移动，这种流动通常不改变常住地。"Movement"一词则主要是从运动的角度来形容人口在空间上发生的位移。"Mobility"则更贴近我国农村地区在改革开放以后发生的大规模的劳动力外流现象，属于在一定时间和空间内的移动。

特别需要强调的是，西方迁移理论中所提到的迁移行为，从概念上讲，其外延大于外出务工行为，也就是说，外出务工是一种迁移行为。虽然不能完全代表迁移，但在中国经济转型的背景下，其受到户籍制度的限制。在中国二元城乡经济社会结构尚未完全消除的情况下，这种劳动力的迁移方式具有一定的典型性和中国特色。此外，这种带有中国特色的劳动力流动规模大而复杂，影响也颇为激烈。从现象本身及后果来看，可以代表中国转型时期的人口迁移行为，也是中国转型时期劳动力迁移的主要表现形式。

因此，本书从流出地的角度来审视劳动力流动对其家庭的影响，强调人口的流向问题，使用"劳动力外流（Out Migration）"一词来描述这一人口迁移的行为。它是狭义上的人口流动，主要指的是农村劳动力离开世居地到城镇（省内或省外的城市）寻找并从事非农就业的行为，也就是所谓的外出务工。这种外出务工既有可能是长期的也有可能是季节性的，既有单身外出的也有和家庭中的其他成员一起外出的。但一个较为显著的特征是其居住地发生了变动，但户籍并未随之发生变更。

由此，参照国家统计局有关统计指标解释，本书将"劳动力外流"定义为"农户家中的劳动力离开本乡到外地从事非农务工并累计超过三个月以上的行为"。此外，需要指出的是，本书中出现"劳动力外出务工""劳动力外流""外出打工"等均指代"劳动力迁移"的行为。本书在一般情况下把它们看成同义语，不对其作区分。由于"迁移"一词内涵较为宽泛，因此，文中尽可能使用"劳动力迁移"这个概念。此外，与此相关的概念还有"本地务工"和"外地务工"，是按照务工的地点以本县为界来划分的两种务工类型；"迁移户（务工户）"和"非迁移户（非务工户）"，是以家中是否有成员外出务工进行划分的农户类型。

三 生计、生计资本和策略

1. 生计

"生计"作为词语在现代汉语词典中有两种定义：一是指维持生活的办法；二是指生活本身。这里的生活所取的意思是衣、食、住、行等方面的情况，例如家庭生计、另谋生计等。"生计（Livelihood）"在英语词典里的含义也是维持生活的手段和方式（Hornby，1997）。

"生计"这一术语常出现在国外一些以贫困与发展为主题的著作与论文中。然而，在不同的语境中，该词的内涵和外延并不十分明确。许多学者认为，"生计"一词所含语意丰富，比"收入""职业"和"工作"等有更丰富的内涵。因为"生计"能够完整地勾画出贫困弱势群体生存的复杂性，用"生计"更有利于去理解穷人为了保障生存安全而奋力谋生所采取的策略（李斌等，2004）。

从科学研究的逻辑来看，"生计"的概念化是生计研究的起点。厘清这一概念经历了一个持续不断的过程。学者们对于"生计"的理解往往是基于不同研究目的之上的。由于理解的不同，所给出的定义也有所不同，相关研究将"生计"定义为"包括资产（自然的、物质的、人力的、金融的和社会的资本）、行动和获得这些的权利（受到制度和社会关系的调节），以决定个人和家庭对于资源的获取能力"（Ellis，2000）。该定义为了强调贫困地区农户"生计"的多样化。也有的研究为了强调生计的可持续性，将"生计"定义为"由生活所需要的能力、资产（包括物资资源和社会资源）以及行动组成"（Scoones，1998）。虽然定义的表述方式有所不同，但都强调将资产、权利和行动作为生计的组成要素。与此同时，学者们也逐渐意识到"生计"的定义中所包含的要素也并非一成不变，往往会随着时间而演进和变化着，最显著的是"生计"中所包含的资产。它们既有可能会积聚，也有可能会被损耗，甚至可能在短时间内被完全破坏掉。同时生计主体所处的外部环境也会对生计的选择和实施产生作用（李斌等，2004）。

目前，被大多数学者接受和采纳的"生计"的定义是"它是一种建立在能力（Capabilities）、资产（Assets）（包括储备物、资源、要求权和享有权）和活动（Activities）基础之上的谋生方式"（Chambers and Conway，1992）。Sen 把"能力"视为人能够生存和做事的一项功能要素，贫困是人类关于所有权的反映，农户贫困的原因是权利的缺乏，基于权利关系基础上的可行能力则取决于他拥有什么以及在此基础上通过交换获得的能力（对资本的占有和支配）（Sen，1997）。

因此，本书将"农户生计"定义为农户基于自身的生计资本禀赋而采取的不同策略以维持家庭的生产和生活，根据这一定义，"生计"一词包含生计资本和生计策略两个部分。

2. 生计资本

"生计资本"是生计定义中非常复杂的一部分。根据 Chambers 和 Conway（1992）对"生计"的定义，资产被划分为两个部分：有形资产和无形资产。在具体的分类中，有形资产包括储备物（食物的储备、有价物品的收藏，如黄金和珠宝等，以及存款）和资源（土地、水、树木、牲畜和生产工具等）；无形资产包括要求权（能够带来物质、道德和其他实际支持的要求和呼吁）、可获得权（实践中的机会，包括使用资源、储备物的机会和利用服务的机会，还包括获得信息、技术、物质、就业、食物和收入的机会）。

Scoones（1998）将实现主体生计策略所需要的能力归为物质、社会等有形的和无形的资产；此外他还借用经济学术语，重新划分了资产种类以便进行实证调查，即自然资本、金融资本、人力资本和社会资本。Scoones 的划分奠定了生计分析框架中生计资本的基础。目前为广大学者所使用的生计分析框架中，生计资本多是基于 Scoones 的划分方法而进行的改进。如在英国国际发展署（DFID，1999）的框架中，将金融资本细分为金融资本和物质资本，即包括五个部分：自然资本、金融资本、物质资本、人力资本和社会资本。具体来讲：自然资本是指能从中得到有利于生计的资源和服务的自然资源的储存（如土地和水）和环境服务（如水循环）。简而言之，就是以生存为目的，用于生产产品的自然资源。物质资本指用于经济生产过程中除去自然资源的物质，如基础设施和生产工具。金融资本指用于购买消费和生产物品的现金以及可以获得的贷款和个人借款。人力资本指个人拥有的用于谋生的知识、技能以及劳动能力和健康状况。社会资本指为实现不同生计策略的社会资源，包括个人参与的社会网络和协会。但有学者认为政治资本对于生计而言也是一种重要资本（Baumann，2000）。

本书的"生计资本"主要采用 DFID 的定义，将农户的生计资本划分为自然资本、金融资本、物质资本、人力资本和社会资本，并根据西部山区的实际情况进行细化。

3. 生计策略

"生计策略"一词过去常指人们为达到一定的生计目标而从事的活动，以及所做出的选择范围和结合（包括生产活动、投资策略、再生产选择等）。而在《可持续生计指南》中，"生计策略"则指人们为实现生计目标而对生计资本进行配置和利用。在此过程中可以选择的经营活动组合，包括生产活动、投资策略、生育安排等。生计主体实施生计策略的能力取决于其所拥有的生计资本的状况，并与一系列多样化的生计活动相互结合来实现生计策略。比如在西部贫困山区，农户的生计更多地依赖当地所拥有的自然资源，然而单纯地依靠自然资源的生产并不足以维持生计，加上一定的外部制度及政策的制约与限定，农户不得不采用其他方式来维持生计，外出务工或在本地受雇他人（李斌等，2004）。

生计结果是生计策略或目标的实现或后果。贫困农户所期望的生计结果可能包括：更多的收入、生活状况的改善、生计脆弱性的减少、更为有保障的食物供给、对自然资源的可持续利用等。

结合生计策略和生计成果的定义，本书将农户的"生计策略"定义为农户基于外部环境和家庭生计资本而采取的谋生行为，以及为了维持家庭生活而采取的支出行为。根据这一定义，本书从收入和支出两个方面来对西部贫困山区农户的生计策略进行研究。这两点基本涵盖了农户生产和生活这两大主题下的方方面面。

第三节　研究设计

一　研究目标

本书的研究目的是将劳动力迁移视角引入可持续生计框架，并基于改进后的总体框架系统地研究西部贫困山区劳动力迁移对流出地农户生计的影响，从微观层面上厘清迁移对农户生计的作用机制，为推动生计研究的深入发展和拓展可持续生计框架理论基础及应用提供理论参考。具体目标包括：

（1）构建用来研究中国的劳动力迁移对西部贫困山区农户生计影响的整体分析框架，从生计资本、生产策略和支出策略来描述劳动力迁移对农户生计的影响机制。可持续生计框架被援助与开发组织广泛地用于实施旨在消除贫困的实践活动中，其思想为研究者提供了一种观察和研究农村扶贫等农村发展问题的视角，但在分析劳动力流动对西部贫困山区农户生计的影响时，原有的可持续生计分析框架无法体现劳动力外出带来的家庭生计策略的动态变化，从而无法直接用来作为研究该问题的指导框架，必须加以改进。

（2）探索西部贫困山区农户劳动力迁移对农户五类生计资本的影响机制。在以往生计资本指标研究的基础上，结合西部山区的特征，将农户所拥有的生计资本进行量化，对比不同迁移家庭的资本差异，实证检验劳动力迁移对各类生计资本影响的存在性，并深入分析不同的迁移特征对资本的影响机制。

（3）从劳动力和资金可及性的角度分析迁移对农户生产策略的影响。结合西部山区实际背景，细分劳动力迁移和流出地生产活动的不同类型，探索不同务工方式对农户参与各类生产活动的影响，以及迁移人数对农户从各类生产活动中获得收入水平的影响。

（4）从现金收入和总收入两个维度探索了汇款对家庭支出的影响。通过改进贫困农户的支出模型，将汇款的影响细分为直接效应和间接效应，以探索这两种不同的效应对家庭支出项选择和支出水平的不同路径。

二　研究框架与内容

本研究的研究框架见图 1 - 1，全书按照图 1 - 1 进行组织，反映了以下的研究思路：

首先，对可持续生计框架与劳动力迁移的相关理论和研究进行了回顾与述评，指出可持续生计框架在理论研究中的不足，以及在实践应用中的扩展空间及方向；同时，指出涉及劳动力迁移对流出地家庭影响的实证研究所存在的系统性不足；也为本书将两者结合，并从生计的角度来分析劳动力迁移的影响提供了空间和依据。

其次，对提出框架的必要性与可行性进行分析，将迁移视角引入可持续生计框架，提出研究劳动力流动对西部贫困山区农户生计影响的整体分析框

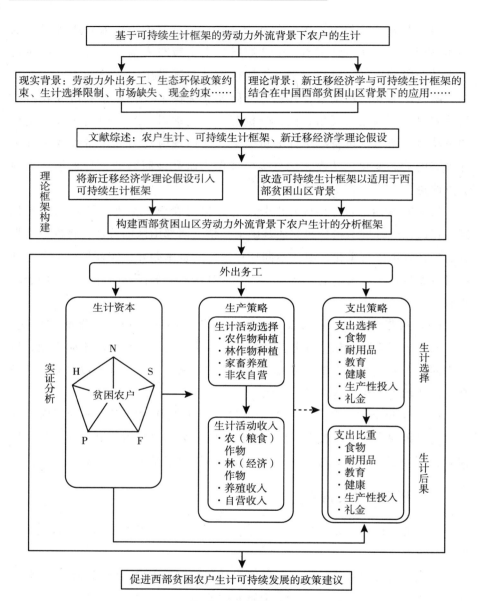

图 1 - 1　研究框架

架，并根据相关实证研究与数理模型进行细化。分析框架的提出吸收了可持续生计框架的思想，将新迁移经济学理论假设引入，实现可持续生计框架和劳动力迁移的对接，并结合中国西部贫困山区的经济特点和社会文化背景，对该框架进行细化，从生计资本、生产策略和支出策略三部分来分析劳动力迁移对农户生计的影响机制。

再次，根据分析框架建立统计和计量模型，对分析框架中包含的关系进行验证。劳动力迁移对农户生计资本、生产策略和支出策略的影响是本书的核心内容。实证内容包括检验劳动力迁移对各类生计资本影响的存在性，并深入分析不同的迁移特征对资本的影响；细分家庭劳动力迁移和流出地生产活动的不同类型，并探索不同迁移方式对农户参与各类生产活动的影响，以及不同的迁移人数对农户从各类生产活动中所获得收入水平的影响；从现金收入和总收入两个维度探索了汇款对家庭支出的影响。从构建农户生计策略基础的生计资本分析到农户收入行为的生产策略，再到农户消费行为的支出策略是一个逐步递进的分析过程。

最后，对本书的研究结果进行总结，提出了有针对性的政策建议。

基于本书的研究框架，本书共分为 7 章，其中第 3～6 章构成本书的核心内容。

第一章为绪论。主要介绍选题的背景、提出从劳动力迁移视角研究西部贫困山区农户生计的学术意义和现实意义，明确本书的研究目标以及研究内容、思路，分析框架和数据来源，提出本书的主要创新点。

第二章对相关的国内外研究成果进行详细的评述。首先对可持续生计框架的相关概念进行介绍，并对其发展进行梳理，之后对劳动力迁移的相关理论进行评述，并在此基础上，对相关的经验研究进行综述。

第三章提出了分析劳动力迁移影响西部贫困山区农户生计的分析框架。在可持续生计框架和新迁移经济学理论假设的基础上，根据国内外与此相关的研究内容，并结合中国西部贫困山区的经济特点和社会文化背景，对可持续生计框架进行改进和细化，提出能够从定量的角度研究西部贫困山区劳动力迁移对农户生计产生作用的分析框架。

第四章对西部贫困山区迁移家庭和非迁移家庭在金融资本、人力资本、物质资本、社会资本和自然资本水平上的差异进行实证研究。为了体现劳动力迁移对家庭生计资本的影响，本书选取是否迁移、外出人数、目的地和汇款总量为迁移特征变量以衡量迁移对生计资本的作用。

第五章是劳动力迁移对农户生产策略影响的实证研究。将农户的务工类型划分为本地务工和外地务工两类，在此基础上分析农户在农作物、林作物、家畜养殖和非农自营四类生产活动中的选择和收入水平两个阶段所受到的影响。

第六章是汇款对家庭各类支出选择和比重的直接效应和间接效应的实证研究。汇款作为一种现金收入对农户支出有直接影响，并通过提高家庭总收入对家庭支出策略有间接影响。通过分析家庭用于食物、耐用品、医疗保健、教育、生产投入和礼金方面的支出选择和比重安排来探讨汇款对家庭支出策略的不同作用。

第七章是结论与展望。首先根据农户生计资本、生产策略和支出策略的分析结果，总结了劳动力迁移对农户生计的影响，其次提出了促进劳动力转移、改善农户生计和实现人与环境可持续发展的公共政策建议，并对下一步的研究进行展望。

第四节　数据和方法

一　数据来源

1. 调查地

本书研究的调查地选择了陕西省会西安下辖的周至县南部山区，以此地作为西部贫困地区的代表进行研究，主要出于以下几点考虑：（1）中国贫困人口的分布具有典型的区域特征，贫困人口主要集中在西部地区，陕西省是贫困面较大的省份，根据世界银行的贫困标准，全省还有 817 万贫困人口[①]；（2）当地人口发展与生态环境保护之间矛盾突出，由于自然灾害频发，已经脱贫的部分村镇返贫现象相当严重，而人与自然的矛盾是广大西部贫困地区普遍存在的问题，符合西部贫困地区的典型特征；（3）农户生计活动多样化，涵盖了平原和山区较为全面的生计活动，既有典型性又有普遍性，有着较高的研究价值；（4）调查所在地为秦岭山区，普遍经济发展水平在西安地区处于最低水平，但对于整个西部山区而言处于中游水平，采用大样本的调查能够在一定程度上起到校对样本选择偏误的效果。因此，周至县作为贫困地区背景下的调查地，其农户生计概况，在西部贫困山区具有一定的代表性。

---

① 新华网陕西频道 2002 年 5 月 30 日报道《陕西实施万村扶贫开发工程》。

周至县距西安市区 78 公里，面积为 2949 平方公里，但山区面积占总面积的 76.4%。所辖山区为秦岭山脉的一段，交通不便，山上终年积雪，融化后汇集成河，水质较好，是西安市最主要的饮用水源。根据相关统计数据所绘制的表 1-1 所示（国家统计局西安调查队，2006；中华人民共和国国家统计局，2006），虽然属于省会城市西安市，但周至县相对于西安市其他三个县和两个郊区县来说仍然相对贫困。从财政收入来说，周至县是西安市最贫困的县。2005 年其财政收入仅为 3807 万元（按购买力平价相当于475.9 万美元），而其财政支出则高达 23874 万元，其财政亏损有 20000 万元左右。其中大部分亏损要靠西安市财政的补贴弥补。同时周至县农村居民的人均收入和人均消费也要比西安其他县区农村居民的低得多，且远低于全国的平均水平。

表 1-1　西安市各县区收入、支出比较（含人均）

	2005 年地方财政 收入（万元）	2005 年地方财政 支出（万元）	2005 年农村人均 收入（元）	2005 年农村人均 消费（元）
周至县	3807	23874	3023.64	1798.3
户　县	11431	27253	4098.06	1980.24
高陵县	12008	23320	3858.04	2346.12
蓝田县	5976	23186	3213.11	1848.03
长安区	31195	32586	4238.16	2738.45
临潼区	18240	35564	5085.87	3129.26
西安市	426752	582830	4495.44	2602.67
中　国	—	—	3255.00	2555.00

因受地理因素的影响，周至县的村镇呈现明显的区域性分布，由北至南可划为三个区域：西（安）宝（鸡）公路沿线为密集区，这一区域为平原，人口密度为 745.49 人/平方公里；次密集区是周至县平原二级阶地，地势高低不平，人口密度为 354.30 人/平方公里；再向南即山区，人口分布为零散区，包括陈河乡、板房子乡、王家河乡和厚畛子镇四个乡镇。这一区域地形复杂，气候多变，交通不便，抗灾能力差。村落密度为 0.27 个/平方公里，人口密度为 13.66 人/平方公里，大部分村庄均以十几户为一个单位，零星散居于稍平缓的山坡之上或山脚之下，显示出很强的"原生态"特性。本次调查的地点正是在这一区域。

长期以来，西安市为保护水源地，对周至县的工业发展施行严格限制。周至县以农业为主，农业又以粮食生产为主。但受气候和地质条件的影响，粮食产量一直低而不稳。2002 年以后，政府对部分坡耕地实施了退耕还林还草政策，家庭的耕地面积大大减少。人均耕地已从 2002 年的 0.80 亩降低到 2005 年的 0.61 亩。

秦岭北坡是发展果林的理想场所，当地的山茱萸、核桃、板栗、花椒等林产品在该省都小有名气。农民有在房前屋后、沿河两岸种植经济林作为补充农业收入的一种的习惯。退耕还林以后，村民们在政府的帮助下，扩大了经济林的种植面积。但由于经济林的生产周期较长，截至调查时，农户尚未从退耕地的林地上受益。同时，借助当地的旅游资源进行一些类似于"农家乐"的旅游服务也是当地农户在夏秋季节补充收入的一种主要手段。

退耕还林后劳动力从土地上释放，但严格的生态政策限制了传统农林业生计和本地其他非农生计的发展。加之中国城市化步伐的加快，外出务工已成为山区当地农户的首选。表 1-2 是关于样本中的迁移人口信息的描述。

表 1-2　样本中的迁移人口信息

	总体	非迁移	迁移
调查总户数(%)	1074 (100)	459 (42.7)	615 (57.3)
劳动力数量(%)	3208 (100)	2394 (74.6)	814 (25.4)
人口数(%)	4289 (100)	3465 (80.8)	824 (19.2)

2002 年该县每户仅有 0.167 人外出务工，到 2005 年已锐升到 0.785 人/户（国家统计局西安调查队，2006）。山区家庭对外出务工收入表现出了很强的依赖性。作为重要水源地，为了补偿周至县为水源保护而导致的损失，西安市每年为周至提供约 2000 万元的拨款。然而，这些资金却被用来弥补财政赤字，而没有用于改善山区农户的生计。从这个角度来看，外出务工对于农户生计的意义就显得格外重要。该地作为贫困山区劳动力外流背景下农

户生计的调查地有一定的代表性。

2. 调查工具

调查是以结构化的户问卷和社区问卷为主，同时辅以半结构化的访谈，具体内容如表 1-3 所示。

表 1-3 调查的主要内容

项目	主要内容
农户问卷	
人口情况	性别、年龄、文化程度、健康状况、政治面貌、婚姻、职业、迁移情况
资本情况	自然资本、物质资本、金融资本、社会资本、人力资本
生计策略	生产行为(农业生产、非农经营、务工行为、财产性收入)；家庭的生活行为(消费行为、家务与分工)、风险与策略等
与环境有关的问题	对环境变化的感知情况、对集体事物的参与情况、对林业政策的态度和执行情况、与环境相关的行为、生态补偿的情况
社区问卷	
人口概况	人口总数、结构、计生情况、迁移情况
自然地理情况	土地情况、到镇上的距离、便利状况
基础设施	公路、饮用水、电力
社会设施	小学、幼儿园、诊所、妇幼保健

社区问卷的对象是所有被选中的村子，一般由村长或村支书填写。在社区问卷中，每个村子报告其生计概况、过去一年人口变化情况、自然地理情况、交通状况、教育卫生设施、农田水利及生产生活条件情况、经济状况、村组织情况、村规民约、林业管理情况 10 项内容。

户问卷是以家庭中年龄为 18~65 岁的户主或户主的配偶为主要调查对象，并且调查对象要对本研究表示理解与支持，自愿参加，能够正确理解问卷各条目的含义，并正确回答。户问卷包括五个部分：第一部分是询问被访者的家庭成员基本情况，共有 12 个问题；第二部分是询问被访者的家庭资本情况，包括金融资本、社会资本、物质资本、自然资本和人力资本等，共有 26 个问题；第三部分是询问被访者的家庭生计情况，包括家庭生产行为（农业生产、非农经营、务工行为、财产性收入与财产性损失）和家庭的生活行为（消费行为、家务行为与社会性别），共有 69 个问题；第四部分是询问被访者对参与式森林资源管理的态度和行为，包括 8 个部分，共有 49 个问题；第五部分是询问被访者家中自然生态政策及生态补偿情况，共有 11 个问题。

此外，课题组还设计了不同主题的半结构式的访谈提纲，分为户个访、户组访和社区个访三块内容。其中户个访包括：以社会性别为主题的访谈，以迁移为主题的访谈，以风险、贫困后果、环境后果为主题的访谈，以社区治理为主题的访谈。户组访包括：以自然生态政策为主题的访谈，以社会性别为主题的访谈，以公共政策、社区治理为主题的访谈。

3. 抽样方法

根据研究计划书，本次调查采用问卷调查和访谈调查同时进行。农户的问卷调查采用多级整群抽样方法，即先确定拟调查的乡镇，再确定拟调查的行政村。对每个行政村调查期内全部常住农户进行入户调查。

首先，课题组根据调查所需要的特定的自然生态条件，确定了周至山区的 4 个乡镇；其次，通过咨询乡镇、村干部及周至县环保局的相关人员，主要按照经济发展水平、地理条件两个标准，并考虑该村农户生计类型与人口数量等因素的差异性，将每个乡的行政村划分为收入水平高、低两个层次。每个层次包含基本相同数量的村，组成两个样本框。经济发展水平主要依据村民上年的人均收入，地理条件区分了是否为自然保护区及行政村的交通便捷状况。生计类型包括农业生产、劳动力迁移和非农经营。

课题组使用随机抽样的方法在每个层级中抽取 2 个村，每个乡镇共 4 个村。然后，对抽取到的调查村采用整群抽样方法，即调查该村所有的常住农户，并保证每个乡镇中一般有 280 个农户样本。由于王家河乡人口较少，原计划样本量为 210 个。原计划农户调查总样本量为 1050 个，调查 4 个乡镇 16 个行政村。

进行调查之前，课题组与一些被调查的村及乡镇干部做了沟通，了解了当地村庄的基本情况，并按照抽样原则确定了样本框和拟调查的行政村。由于山区经济条件落后，居住分散，信息不畅，存在农户离家外出、农户上山劳动难以寻找等一些不确定性因素，课题组设计了详细的准备方案，并做到了各个调查点之间的互相协调。

在实际调查过程中，陈河乡和王家河乡的村调查点与原调查计划保持一致。但在板房子乡和厚畛子镇，农户居住较为分散，贫困村的人口少，为保证计划样本量和不使样本出现偏差，课题组在这两个乡镇各增加了 2 个贫困村作为调查点。最终确定的镇调查点和村调查点如表 1 - 4 所示。

表 1 - 4　确定调查的乡镇调查点和村级调查点

乡镇调查点	村调查点
厚畛子镇	厚畛子村、殷家坪村、姜家坪、同力村、三河村、钓鱼台村
板房子乡	高潮村、清河村、东石门村、庙沟村、新红村、长坪村
王家河乡	十亩地村、双庙子村、玉皇庙村、王家河村
陈 河 乡	孙六村、新兴村、三兴村、共兴村

厚畛子镇在周至县的西南部，靠近太白山自然保护区。2001 年当地实施了退耕还林政策，坡地和林地全面种植了经济林类。农户的自然资本较为匮乏。除经济林外，人均耕地面积非常少，不能实现日常食物消费的自给自足。另外，由于自然环境较为恶劣，交通不便，农林作物常常受到灾害天气影响，在一定程度上制约了农户的经济收入能力和脱贫进程。但部分村落开展了"农家乐"等旅游服务项目，并且接受了 WWF（世界自然基金会）的资助项目，厚畛子镇的经济条件在这四个乡镇中算是较好的。

板房子乡和王家河乡，地理特征以山区为主，该区域也为 WWF "秦岭保护与发展共进"项目的所在地。两个乡均靠近或位于太白山国家级自然保护区。而王家河乡由于地处西安市饮用水源头地区，属于生态保护区。农户的生活、生产均受到一定限制，加上地理条件和交通条件的限制，现为周至县最贫困的乡镇。其交通不便、农户生活贫困特征显著。

陈河乡是距离周至县城最近的一个乡。但是由于自然条件恶劣，农业产出率十分低下，耕地质量较低，全面为坡耕地。其中三兴村没有实行退耕还林政策，仍以自留山的形式存在。林地的经济效益较低，一般只能满足农户日常生活的燃料需求。

4 个乡镇的耕地资源贫瘠，人地矛盾特别突出，人均（坡）耕地仅为 1.35 亩。近年来，受国家天然林保护、自然保护区、西安水源地保护工程的影响，山区的可耕地面积有进一步减少的趋势，经济发展与环境保护、生态建设之间存在一定的矛盾，这些基本生产条件的制约使农民收入受到绝对的影响。

农业经济中传统的自然经济占主体地位，商品经济不够发达，90%以上农产品的生产主要是满足自身消费的基本需要，难以转化成有效的货币性收入；农业经济结构比较简单，种植业长期占据农业生产经营的主导地位，其中粮食作物又是绝对的重点，经济作物极其少见；养殖业局限于传统的家畜家禽，很少有规模化的经营，更多的是为了满足日常生活所需；农业生产技术落后，严重依赖传统的农耕生产方式，劳动生产率低下，"靠天吃饭"现象普遍存在，耕地亩产量十分低下。

此外，这4个乡镇的教育事业发展落后，表现为学校少、农户子女接受教育的机会和条件十分有限、人力资本投资能力极为薄弱。乡镇的社区层面缺乏公共设施和基本设施，农户无法利用公共设施提高农业生产率，也无法进行有效的市场交换。而且当地缺乏医疗卫生设施，给当地人看病治疗带来一定困难。

4. 调查实施

2007年8月，课题组在前期研究和问卷初步设计基础上对周至县板房子乡进行了第一次试调查，并根据试调查数据分析结果和最新的理论研究进展，对问卷、访谈提纲等进行修改；2008年2月28日~3月1日，课题组人员分两路对调查地进行第二次试调查，一路在周至县厚畛子镇，另一路在周至北部平原乡镇。共对50户农户进行问卷调查，对20户农户进行访谈调查，测试了问卷的调查时间和所能够提取各项信息的详细程度；2008年3月上旬和中旬，课题组结合2月试调查的最新成果，对调查工具作了进一步修改，完善了问卷和访谈内容；2008年3月20日，课题组一行5人对所调查山区4个乡镇进行实地勘测和联系工作；2008年4月2~6日，课题组对参与本次调查的17名调查指导员进行培训。培训内容包括：调查员的职业道德、调查的基本原则和技巧、问卷的结构与内容、调查的组织工作、提问的技巧和注意要点、调查对象的选择、填写规范等。

2008年4月7日，西安交通大学人口与发展研究所一行18人（由教师、博士生、硕士生组成）对陕西省周至县山区4个乡镇（厚畛子、板房子、王家河、陈河）进行问卷和访谈调查。在这次正式调查中，每个乡镇分配4名研究人员（其中一人为博士生，全面负责协调该乡镇的调查工作）担当调查指导员。同时每个乡镇聘请8~10名调查员，这些调查员以所在乡镇的干部为主。他们的文化程度相对较高，对问卷的理解能力也较强。由于问卷中的很多问题涉及家庭结构、夫妻及其父母和亲戚的背景信息，而这些调查员熟悉村子和村子里的调查对象，有助于提高调查的质量。因此该调查共包括60个左右的工作人员。同时聘请各乡镇干部和村干部作为协调员，帮助执行调查，提高调查质量。

在正式进行调查前，我们对各乡的协调人和各村的调查员进行培训。培训的重点在于解释调查的目标、问卷结构、问卷中问题的具体含义以及现场调查的基本技能，统一问题的理解、提问方式、填写规范以及调查对象的选择。并告知他们，所有调查问卷、表格须由当事人复核签字认可，调查指导员每天都要检验调查员完成的问卷，严格规范调查进程。并且在调查过程中，调查指导员要根据问卷的质量情况进行实地抽样复核。培训结束后，调查员和指导员分组在附近的村子进行实地试调查。最后各小组汇报试调查中的问题，由博士指导员进行总结。培训达到了以下目标：

①调查指导员和调查员在调查过程中能够向被调查者正确提问；

②调查指导员和调查员能够就问卷中的某些问题（尤其是主观问题）进行适当的讲解；

③调查指导员和调查员能够正确判断被调查者提供的回答；

④调查指导员和调查员能够根据被调查者的回答正确填写问卷。

正式调查中，一个调查指导员和3~4个调查员负责一个村庄的调查。调查实施前，课题组制订了严格的质量控制方案并依据方案对调查质量实行监控，具体包括跟访、问卷复核和复访等：第一，跟访。跟访是此次数据采集过程中最重要的质量控制措施。受制于山区客观环境限制，复访变得相对困难，因为调查指导员很难单独找到复访对象，所以指导员加大了跟访力度。每个指导员负责指导两名调查员的工作，根据对各位调查员工作能力的观察，确定是否需要跟访以及需要跟访的调查员，以便在跟访过程中进一步纠正他们在访问过程中存在的问题。在这次调查中，为弥补复访困难带来的质量问题，即使在调查员能够单独完成调查后，许多指导员仍然每天进行一定数量的跟访，以保证数据的质量。第二，问卷复核。调查员所完成的每一份问卷都要经过指导员的认真审核，通过审核以后才能判别为有效问卷。审核的内容包括问卷的填写方式是否准确、问卷的编码是否有误、问卷中包含的逻辑关系是否合理、该跳问的问题是否跳问、问题的回答是否矛盾等。如果发现回收的问卷有错误，指导员必须在第二天与调查员碰头时及时将不合格的问卷中存在的问题向各个调查员说明，要求其修改，对于答案不准确或遗漏的问题要第二次入户访问。大部分问题在问卷复核中都被发现，并要求调查员根据情况进行确认与更改。这样保证数据在录入后，不会出现完全无效的问卷。第三，复访。由于调查地地处深山，本次调查的质量控制以跟访为主，但仍根据情况从每位调查员上交的问卷中抽取了5%的问卷（共约46份）进行复访。重点了解调查员在访问时是否按照要求向被访者说明来意、发放礼品、对问题是否进行了适当的解释。如果发现问题要及时与调查员进行沟通，访问完成以后要对照两次访问的问卷，分析两份问卷不一致的地方。如果是由于调查员技术上的原因而导致的错误，则要求及时向该调查员进行反馈，以防止类似错误的再次发生；如果是由于调查员人为的原因，则可以采取行政手段进行干预。复访结果显示，此次调查的复访一致率均在80%以上，符合质量要求。

2008年4月12日本次调查结束，具体的情况汇总见表1-5。

表1-5 调查基本情况汇总

调查地点＼调查形式	访谈（人次）		问卷调查（人次）		合计
	组访	个访	社区问卷	农户问卷	
厚畛子镇	5	6	7	282	300
板房子乡	8	4	7	295	314
王家河乡	0	6	5	228	239
陈河乡	0	6	5	273	284
合计	13	22	24	1078	1137

在数据录入过程中，我们采取了一系列措施进行质量控制，之后又对调查数据进行清洗。课题组有针对性地编写一组逻辑检测程序，在数据录入和自检工作完成以后，统一用这组程序进行检查，发现错误再进行修改，如此不断循环，直至所有可以更正的错误都消失为止，将最后无法更正错误的问卷判为不合格问卷。数据清洗完成后，对所有分类变量作了频次分析并对重要的连续变量作了异常值分析。实地调查完成之后把问卷数据录入 Foxpro 数据库中，按照随机原则抽取10%的问卷（共119份）与数据库文件进行核对，检验数据录入的准确性。户问卷的计算机录入的错误比例皆低于

1%。总之，在调查过程和数据录入过程中都采取了相应的数据质量保证措施。从调查的过程控制、数据评估结果来看，数据质量基本得到了保证。

此次调查最终获得 1074 份（户）有效问卷。根据"家庭是否有外出务工成员"将样本分为非迁移户（459）和迁移户（615）[①]。在所涉及的 4287个个体中，有外出务工者 824 人，占总劳动力数量的 19.2%。因此，选择该区作为研究劳动力迁移对农户生计影响的调查点，具有一定的代表性。

二　研究方法

首先，本书采取管理学、经济学和计量经济学相结合的研究方法，以定量研究为主，辅之以定性研究，依据系统工程的思想和原理建立了分析西部贫困山区农户劳动力迁移对家庭生计影响的系统分析框架。在研究中注重从现实的经济现象中发掘新问题，既注重事实的归纳，又注重理论的演绎，注意学科的交叉和融合，将可持续生计、新迁移经济学和家庭经济学等学科有机地结合起来，并综合运用计量经济学和统计学等分析技术进行分析。在对生计资本的分析中，借鉴前人的研究采用无量纲极差标准化法对生计资本进行量化，并运用普通最小二乘法（OLS）分析了劳动力外出和迁移类型对农户生计资本的影响。其次，分析劳动力外出对农户生产策略的影响，使用了Heckman 二阶段法以克服样本选择偏误，在给定参与某项生产活动的前提下分析本地务工人数和外地务工人数对各类生产活动收入的作用。最后，在对汇款影响支出策略的分析中，先使用工具变量法以消除迁移对家庭支出和汇款所产生的内生性问题，之后采用三阶段最小二乘法（3 – Stage Least Square，3SLS），分析汇款对农户支出类别选择和支出系统结构的直接作用和间接作用，力求使本书的分析更为准确，解释更为透彻和具有说服力。

---

① 在实际计算时，由于数据的缺失和奇异值剔除，个别指标在实际计算时所用到的样本量与此处的统计量略有出入。

第二章　文献综述

本章的主要目的是总结已有的研究基础，分析已有研究中的不足，确定后续研究的方向和策略。首先系统地评述了与本研究相关的理论和研究，主要内容包括可持续生计框架和劳动力迁移的相关理论和研究现状，指出了可持续生计框架相关研究的不足，并在总结劳动力迁移相关理论和研究的基础上，提出了新的研究视角，并指明了本书的研究方向。其次回顾已有的涉及劳动力迁移对农户生计的影响主题下的相关研究概况，包括迁移影响生计资本、生产策略和支出策略的相关研究，并提出本研究的空间和策略。

第一节　生计和可持续生计框架的相关理论和研究

一　农户生计

有关生计的思想，一直存在于中国传统社会中，常常和家庭的计划、安排与生活状况相联系，大体属于经济的范畴（张国刚，2007）。维持生计历来被视为一个家庭最为重要的使命。当然，维持生计在不同的社会阶层中有着不同的含义。对于普通百姓，尤其是贫苦农户而言，维持生计往往意味着保证家人的最基本的物质生存需要和社会文化需要，而对于已经解决了温饱问题、步入小康甚至富庶，并且具有一定社会身份的人（例如官僚、缙绅、地主、富商等）而言，维持生计则意味着使家人过上与其身份地位相适应的，或者说较为体面的物质生活。也许在某些人看来其物质生活未免太奢侈了，但这种奢侈往往被视为其身份地位的象征。或者说，他们所谓的维持生计就意味着必须过上这样的生活，否则即被视为困顿，或者说是难以维持生计。

带着这种"生计"的思想去看农户，不难看出，"农户生计"一词形象而生动地刻画了这样一幅场景：处于社会底层的弱势人群，以家庭为单位，他们努力挣扎向上，通过自身和家庭成员之间的共同努力，以求改善贫困落后的生存状况，维持最基本的生存。这一词语包含几个关键之处——处于社会底层的农民、以户为单位的家庭和改善家庭生存而付出的努力。在此，家庭成员将改善生存和发展状况的个体行为统一于家庭的决策中，而突出强调"家庭"的作用也充分契合了"家本位"的中国传统文化。在生产力低下的小农社会，实行手工劳动，依靠个人的力量不能进行生产、维持生存，要以一家一户为单位来生产和生活。因此人们的家庭观念很重，个人融于家庭之中，注重家长权威，注重集体意志，家庭成员不可能有过多的个人自由（潘允康，2002）。因此，对于贫困地区处于弱势的农民来说，家庭不仅是他们的生产单位，更是一个赖以生存的团体，是一个制度，它的存在是为了降低人们实现特定目标的交易成本（Ben - Porath，1980；Doss，2003）。由于"家"在中国传统社会中的重要性，有很多学者从家庭出发考察中国传统社会的经济伦理、经济发展等问题（李伏明，2005），但专门涉及农户生计的学术研究一直很少。

在国外，有关生计的思想，可以追溯到 Robert Chambers 在 20 世纪 80 年代中期的著作中（Chambers，1983）。该思想在 90 年代早期得到 Conway 等人的进一步发展。从那时起，一些发展机构就开始采用生计概念并努力实施。从"生计"的定义可以看出，"农户生计"涵盖了两大主题：农户自身的生计资本禀赋，基于生计资本基础上所采取的不同生计策略以维持家庭的生产和生活。

1. 生计资本

能力的引入扩大了生计概念的范畴。Sen 从"能力"的角度深化了生计资本的功能和内涵，农户的生计资本归根结底是农户用以生存和发展的"可行能力"（Sen，1982）。进一步来说，农户实施生计活动的能力取决于其所拥有的生计资本的状况，受到不同的资本约束的家庭会选择不同的生计策略。

2. 生计策略

通过了解人们的资本禀赋，农户寻求如何努力来把这些资本转化为积极的生计结果（Ellis，2000）。这一过程就是农户的生计策略。它常常指人们为达到生计目标而进行的活动和做出的选择，包括生产活动、投资策略、再生产选择等（DFID，1999）。在许多研究中，策略和活动两个概念可以互换（Babulo et al.，2008）。此外，农户的生计策略是动态的，它会随着外部环境和条件的变化而改变对生计资本的配置、经营活动种类的选择以及各部分的比例构成（李琳一，2004）。

大多数的研究和实践仍然将生计活动和生计策略的内容局限在农户的生产活动上，有代表性的如 Scoones（1998）和 Orr（2001）等把生计策略大体分为三大内容，包括农业的扩展与集约化、多样化及迁移等；Ellis（2000）等也用类似的分类方法对不同的生计策略进行了详尽的论述。这些生计策略之间存在一定交叉。根据研究目的和研究地区的实际状况，本书关于生计策略的文献综述主要围绕农户的收入和支出两个主题展开：生产策略和支出策略。其中，生产策略主要讨论农户生产决策的过程，即生产活动的选择和相应的收入水平；支出策略主要讨论农户支出决策的过程，即支出类型的选择和在各类支出中的比重分配。在这两大主题下，农户的生计策略又分别包括生计选择和生计后果这两个阶段。农户的生计活动选择包括生产活动选择和支出类型的选择，而在不同的生计活动选择基础之上又将产生不同的生计后果。从生计资本到生计选择再到生计后果，这一链条各部分环环相扣；从收入到支出，这两大主题相互交织。收入和支出作为农户最主要的生计行为，这两大主题基本涵盖农户日常行为的各个方面，是农户生计策略的重要组成部分。这两部分的农户决策内容在以往的研究中属于不同且相对独立的研究领域，但基本涵盖了本研究的生计策略形成机制。因此，"生计资本"代表农户发展生计的能力，决定农户参与某种生计活动和获得收入的关键（Bebbington，1999），连同之后农户的收入创造和支出水平一起，构成农户的生计策略。

二 可持续生计分析框架

1. 可持续生计理论与可持续生计框架

（1）可持续生计相关理论与发展

20 世纪 90 年代以前，种种不好的迹象表明了发展战略实施的半个多世纪并未带来全球经济的均衡发展，全世界仍有一百多个国家一直陷于经济衰退或停滞状态。在全球收入分配方面，世界逐渐呈现两极分化的态势，有 13 亿人口生活在贫困中（Lawrence and Singh，1997）。在这样的背景下，粮食安全的问题需要关注涉及贫困的诸多因素，因为它们影响着人们对资产、权利，以及最终对食品获得的能力（Brundtland，1987）。对这些问题的关注也极大地推动了"可持续生计"概念的发展。此外，农村贫困与发展这一主题成为促进发展中国家发展的重要组成部分，对这些问题认识的加深促进了非政府组织以及发展研究机构提出分析和解决途径（李斌等，2004）。

"可持续生计"（Sustainable Livelihoods）的概念最早见于 20 世纪 80 年代末世界环境和发展委员会的报告。1992 年，联合国环境和发展大会（United Nations Conference on Environment and Development，UNCED）将此概念引入其行动议程中，主张把稳定的生计作为各国消除贫困的主要目标。1995 年，在哥本哈根社会发展世界峰会和北京第四届世界妇女大会中，可持续生计对于减少贫困和农村发展的重要意义又被进一步强调（肖云和郭峰，2006），并明确地将就业作为一种可以实现"可持续生计"的手段（纳列什等，2000）。

在 Sen 等学者对贫困的理解基础上，"可持续生计分析方法"以消除贫困为基本目标，并强调增强个体能力（财富）和面对脆弱性条件处理能力的原则（Carney，1998；Ashley and Carney，1999）。它逐渐发展成为各组织和机构理解贫困原因，并系统地给予解决方案的工具（Ellis，2000；Scoones，1998；Bebbington，1999）。这其中以英国国际发展署（DFID）为代表的发展研究机构提出了包括生计概念、分析框架和思想原则的"可持续生计框架"，并在发展中国家进行了大量的实践活动（李斌等，2004）。

（2）可持续生计框架

在"可持续生计"这一概念的指引下，人们开始使用 Scoones 和 Carney 提出的可持续生计分析框架（Sustainable Livelihoods Framework，SLF）对农户生计进行研究。可持续生计分析框架的使用将人们对贫困人口生计的理解和关注引入微观的视角。这个分析框架以农户为单位，将家庭生计资本作为基础，通过了解人们的资产或资本禀赋，寻求农户如何努力来把这些资产或资本转化为积极的生计结果。

  在 Scoones（1998）的可持续生计分析框架的基础上，结合 Sen、Chambers 和 Conway（1992）等对贫困性质的理解，DFID 进一步发展了可持续生计框架（SLF），使之成为许多国际组织和非政府机构对发展中国家进行经济资助和贫困干预的工具，用于指导发展规划的制定，如图 2 - 1 所示。

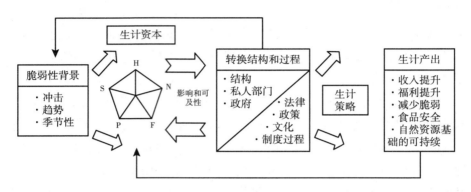

图 2 - 1　可持续生计框架

  "可持续生计框架"是对与贫困相关的生计问题所存在的复杂因素进行整理和分析的一种方法，它通过把对贫困的新理解集成到一个分析性工具之内，帮助人们理解生计的复杂性和影响贫困的主要因素。在具体应用中，需要对它进行修改或适应性调整，使之适合当地的环境、条件，与实际情况相结合，并符合当地的优先需求。

  "可持续生计分析框架"揭示了一个理解贫困的概念模型。该模型展示了构成生计的核心要素及各个要素之间的关系。从图 2 - 1 可以看出，生计的组成包含许多因素，同时也受众多因素的影响。首先，人们生活在一定的"风险环境（Vulnerability Context）"中。该环境往往会给主体所在的外部社区带来一些渐进式的变化，或是一种突然的冲击。人们的生计以及实施生计所需要的生计资本受到由该"风险环境"决定的冲击和季节性变化的影响，使人们身处其中，无法自我控制。这些变化由社会的政治、经济、人口、自然环境等因素的历史趋势决定。"风险环境"的重要性在于，它直接影响着生计主体所拥有的资产状况以及可行的选择与机会，并间接影响着生计后果（安迪，2004）。

  其次"可持续生计分析框架"侧重于突出贫困农户的能力，将农户的资源和禀赋归为五种生计资本。生计资本影响和代表着农户发展生计的能力（Koczberski and Curry，2005）。从贫困农户的资产（自然资本、物质资本、金融资本、社会资本、人力资本）、权利、能力的角度分析贫困农户生计模式的形成，有助于从系统的角度理解农户贫困的深层次原因。

可持续生计框架考虑到农户对各种生计资本的可获得性，因而在农户的生计资本与策略之间引入了政策、机构等政府与非政府组织的支持与阻碍，通过生计资本以及制度、文化等因素进行调节。当某种生计方式能够应对外界的压力和冲击、保持或提高农户的能力和资产而不削弱自然资源基础时，这种生计方式就是可持续的。

可持续生计框架为研究微观农户的决策与行为提供了有力的框架指导和视角。从而使这一框架在对发展中国家反贫困的干预活动中得到了广泛的应用。鉴于分析框架中生计资本的重要地位，许多研究机构和国际援助组织都把增加贫困农户对资产或资本的所有权或使用权，作为支持扶贫项目的首要考虑因素（安迪，2004）。这种分析框架侧重于实际应用，也从一个侧面反映了生计资本与生计策略的重要联系。这种联系在理论上体现了可行能力在发展中国家的应用。

可持续生计分析框架中的另一重要组成部分是社会、经济和政治等影响农户生计的背景。Scoones（1998）把这些背景划分为两类：一类是条件和趋势背景，主要包括历史、文化、政治和经济趋势，以及气候、人口和社会等差别；另一类是那些外部制度和组织。Ellis（2000）则把背景分成社会关系、制度和组织等不变因素以及趋势和冲击等可变因素。此外，还有 Carney 的生计脆弱性的背景和条件转化过程的分类（1998）。由此可见，生计背景涉及诸多社会科学的研究领域。其组成的复杂性会给研究和实践带来诸多困难，但同时也可能为不同学科带来新的研究问题，也为不同学科的交叉带来可能。

2. 可持续生计框架的应用研究

可持续生计分析框架是一个很有用的框架，能提高人们对生计，特别是对贫困人口生计的理解。这一框架在对发展中国家反贫困的干预活动中得到了广泛的应用。鉴于分析框架中农户资产的重要地位，许多研究机构和国际援助组织都把增加贫困农户对资产或资本的所有权或使用权，作为支持扶贫项目的首要考虑因素。

（1）国外实践运用

可持续框架提出后，在国际上得到了广泛应用。仅在 1999 年的自然资源指导者会议上（Natural Resources Advisers' Conference，NRAC）便汇报了包括印度、巴基斯坦、尼泊尔、俄罗斯、墨西哥等国家的可持续生计项目进展情况。这次会议，总结了框架应用之外的实践和理论困难，并取得了很多共识（Ashley and Carney，1999）。之后，可持续生计分析框架在各国得到了进一步推广和深化。关于生计策略的具有代表性的研究如下：

Coomes（2004）等学者结合以资本为基础的农户生计的概念模型，在南美洲秘鲁的热带雨林地区进行了农户的资源获取和经济依赖之间关系的实证研究。Pender（2004）结合农户的 5 种生计资本在乌干达综合研究了农户的生计选择与生产提高、土地退化减少之间的均衡关系。通过农户是否参与组织机构、农作物选择、土地管理和劳动力的运用，研究农户的生计资本组成对农业生产和土壤侵蚀的作用（Pender et al.，2004）。Knutsson 和 Ostwald（2006）利用可持续生计框架，量化生计资本并考察资本间的转换，以及与气候和土地政策有关的变化，以中国陕西省两个村的数据为基础，证实在此框架下对脆弱性的测量是有效的。Blessings（2001）利用可持续生计分析框架，研究了 1990~2000 年非洲马拉维南部地区一些农户的生计策略变迁。Badru（2008）等利用可持续框架考察了埃塞俄比亚农户的生计策略，特别是与林产品相关的生计活动，通过基于 360 个样本的实证研究认为，资本贫穷阻碍了农户从事高收益的生计活动，使贫穷农户过多地依赖自然资源。Cherni（2009）等基于可持续生计方法，展示了科技与政策的协同发展可以提升边缘地区农户的生计水平。研究的结论主要根据古巴可再生能源技术的应用实例分析得出，认为当地居民和社区可以从复杂的科技和社会环境中获益，并有利于生态环境的提升。同时，Cherni（2007）等也将可持续生计方法中的许多重要思想反映在一些决策支持系统中。Masanjala（2007）利用可持续生计分析框架，分析了贫困和艾滋病之间的关系。虽然艾滋病与贫困的关系已经广受关注，但社会关系和生计策略对艾滋病的作用有待进一步研究。Kelman（2008）等将可持续生计分析框架用于与火山相关的生活场景，认为框架对于理解、沟通和管理脆弱性和风险有帮助，有利于社区更好地管理火山环境，并控制脆弱性环境，有利于管理风险和进行灾后重建与恢复。Babulo（2008）在埃塞俄比亚的研究表明，生计资本是农户生计策略

的决定性因素，应当鼓励资产贫困的农户从事高回报的经济活动。Allison
（2001，2006）等介绍了西非 25 个国家将可持续生计分析框架用于渔业管
理的经验，认为该框架可以帮助形成统一的渔业政策，有利于识别致贫因
素，并且维持渔业资源的可持续发展。

（2）国内实践应用

在中国，关于可持续生计思想和生计研究在近几年才开始被广泛运用，
国内的学者在利用和研究可持续生计框架上进行了大量有益的探索：

李斌等（2004）就生计的概念、生计分析框架、生计途径的研究和实
践进行了简要评述。对 Scoones、Carney、Ellis 等人的有关生计概念及生计
分析框架进行了阐述，并对国际发展研究机构和非政府组织针对解决农村扶
贫等问题提出的可持续生计框架和生计途径等作了介绍。主要介绍了 DFID、
CARE、Oxfam、UNDF 这四个组织机构在发展中国家解决农村贫困及生态环
境问题中的可持续生计途径。

可持续生计分析框架在中国的研究和实践方面，李小云（2005，2007）
借鉴 Sharp（2003）的方法将中国贫困农户五大资产状况进行了量化分析；
杨国安（2003）对脆弱性生计方法与可持续生计方法进行了比较，认为在
围绕可持续发展所提出的各种各样的研究工具中，这两种方法是众多方法中
运用得比较普遍的两种。可持续生计方法强调贫困的消除，脆弱性分析方法
强调脆弱的缓解。

在生计研究方面，很多学者研究了各种政策对农民生计的影响以及生计
与环境的关系等。例如：罗康隆（2004）论述了民族生计方式与生存环境
的关系，研究中国加入 WTO 后，由于大量农产品的生产和销售受到冲击，
对少数民族地区妇女生计产生的影响。李小云和杨帆（2005）以维吾尔族、
蒙古族、壮族和赫哲族为研究对象，分析了少数民族妇女在入世后经济、社
会福利方面所受到的损失。叶敬忠（2004）分析了主要农产品价格的上涨
对农户生计的影响。世界林业研究中心总干事 Kaimowitz（2004）在《森林
与农民生计》问题的报告中涉及农民及其生存环境、环境保护和森林可持
续利用、森林和农民的生计等方面。中国社会科学院社会政策研究中心的唐
韵（2003，2004，2005）致力于运用可持续生计的概念研究城市扶贫问题，
以及如何进一步使城市低保对象或就业困难群体摆脱贫困的窘境，提出通过
可持续生计途径和资产建设的思想来对现行的城市低保制度进行改进的建

议，认为政府和社会应该改用政策和资金以及其他必要的手段，帮助城市中有劳动能力的贫困群体改变和重建他们的生产方式与生活方式以创造更多的就业机会，从而使他们及其家庭获得可持续的生计。

有学者用可持续生计的思想研究失地农民、退耕还林农民的生计问题，提出了一些立足于可持续生计的对策。李斌（2005）在他的博士学位论文中研究生态家园富民工程"三位一体"项目对宁夏盐池县农户可持续生计的影响；阎建忠（2005，2006）从DFID提出的可持续性农户生计概念、分析框架和原则出发，对大渡河上游生计方式的时空格局与土地利用、覆被变化进行了研究，并引用了可持续性农户框架来分析大渡河上游不同地带居民对环境退化的响应原理。肖云（2006）以重庆市女性民工为个案，研究女性农民工"可持续生计"问题，提出促进女性农民工可持续生计的对策。还有一些调研报告研究了少数民族的一些传统社会组织在农村可持续生计中的作用和影响（邵志忠等，2005）。此外，有学者运用可持续生计的思想来进一步完善城市贫困群体政策支持体系，以克服贫困、促进贫困者自立自强，消除社会排斥、实现社会整合。金雁（2005）认为应重点强化以"帮助贫困群体获得可持续生计"为目标的发展性政策支持，把可持续生计作为完善南京贫困群体政策支持体系的重要方向。

在借助可持续生计框架的相关概念基础上，学者们还对许多具体问题进行了研究。陈传波将五大生计资本纳入他的风险和脆弱性分析框架中（陈传波，2005）作为资产风险的因素；学者们还将可持续生计框架用于特定地区的具体问题的研究，如李聪等（2013）利用相关调研数据，针对陕南移民搬迁工程中农户的生计策略进行深入分析；孔祥志（2008）探索了山西的乡村旅游业对农户生计的影响；胡初枝（2008）等基于可持续生计对征地制度改革进行了实证研究；杨云彦（2009）调查并分析了南水北调工程库区农户的生计资本情况。

然而，许多关于生计的研究都是"拿来主义"的偏实践型的研究，将可持续生计框架拿来进行实证研究的较少；一些研究虽然将可持续生计框架拿来研究特定的问题，并利用数据进行验证，但缺乏可持续生计框架与相关理论的结合，特别是在分析农户生计决策的研究中需要特定的理论来支撑，而在这方面尚没有同主流经济学的决策理论实现真正意义上的融合。主要是因为：其一，生计及生计资本的概念在国外学者的研究下不断深化，国内学者的研究更倾向于引进与吸收。其基础理论研究相对滞后，可持续生计框架本身的理论性不强，且偏重一般性的应用。其二，学科上的跨度，生计研究最初是人类学的研究内容和研究方法，深入揭示农户的决策行为需要经济学的分析工具。二者的融合显然并非易事。

研究表明，家庭中主要劳动力流向非农行业改变了农户的资本水平及构成，也引起了农户的生计策略的变化。但这种改变是否会对农户的生计发展产生良性的反应却是不确定的。其后果要看农户所处的文化环境等外部因素。因此，通过可持续生计框架来研究人口动态变化对贫困农户的生计影响为研究者提供了新的视角，同时也是对可持续生计框架的一种补充。

第二节　劳动力迁移的相关理论和研究

涉及人口迁移的研究大致经历了三种范式：一是古典和新古典主义下的"均衡"范式。人口迁移被视作由资源分布不均衡引起的（典型的如"推一拉"说）。二是"结构—历史—功能主义"的范式，认为人口迁移跟一系列的传统、结构和历史因素有关，人的迁移被视为对特定结构的回应。三是被称为"主体—实践"（Agent-practice）的范式。它强调移民也是一个能动的社会主体和政治主体，每时每刻都在以自己的"实践"来创造新的东西，而不是完全为"结构"所规定的行动者（项飙和张静，1998）。

运用迁移的相关理论对中国转型时期的外出务工行为进行解释在理论上具有可行性。首先，从概念上讲，这种外出务工的行为涉及劳动力的流动，具备迁移的自主性、时空变换性、目的性特征。因此，外出务工行为是迁移的一种类型，可以用迁移的相关理论进行一般性的解释和理解，特别是近代以来的迁移理论以劳动力剩余为前提，契合了当前中国的大规模劳动力转移的对象和假设；其次，这种迁移又带有特殊性和代表性，也即这种外出务工行为是带有中国特色的劳动力转移形式，一方面它规模大、时间长、范围广、影响深的特点使得它成为该时期中国劳动力迁移的主要表现形式，具有一定的代表性；另一方面，由于户籍制度的限制和城乡二元经济体制的存在使外出务工这种迁移带有一定的特殊性。因此，其特殊性决定了一般的迁移理论不能完全地用来照搬和解释这一行为，必须要找到与之契合的理论并加以改进。因此，在经典迁移理论不能完全解释外出务工这一现象和行为时，新迁移经济学的相关理论为更好地解释这一行为提供了理论基础。新迁移经济学以家庭为主体的假设前提契合中国的家文化背景，也为本书将外出的家庭成员和留守的家庭成员更好地绑定在一起进行研究提供了理论基础，新迁移经济学理论对研究中国农户成员的外出务工行为有着很好的适用性。尽管国外许多迁移理论都是针对国际人口的迁移，其中许多理论假设和前提条件并不一定十分符合中国的实际情况，但这些理论从家庭的角度出发来考量成员的迁移行为，无疑为研究中国转型时期的劳动力流动提供了一个更为新颖的视角和更为合理科学的研究方向，成为学者研究中国转型时期劳动力外出务工行为的重要理论基础。

1. 经典迁移理论

20 世纪 40 年代以来，发展经济学主要创造人张培刚将农业劳动力转移的研究视角引向发展中国家，引起发展经济学家对这一问题的广泛研究。在以古典经济学为理论基础的人口迁移理论中，提出了比较系统的理论模型，并颇具影响的有：刘易斯（Levis A）、拉尼斯（Lanis G）、费景汉（Fei Jinghan）、乔根森（Jorgenson DW）和托达罗（Todaro M）等经济学家对农村剩余劳动力转移所提出的理论。20 世纪 60 年代，舒尔茨（Schultz）把人力资本理论与农业经济问题的研究结合起来，研究发展中国家的农业问题和农村剩余劳动力问题，从而对发展经济学作出了开创性的贡献（包宗顺和霍丽玥，2004；蒋智华，2000）。

（1）宏观方面

在西方，对人口迁移的系统研究始于拉文斯坦（E. G. Ravenstein，1885），他提出了"人口迁移律"（The Laws of Migration）。而按照李（Lee，1996）的总结，引起和影响人口迁移的因素有四个方面：第一是原居住地的因素（Factor Associated With the Area of Origin），第二是迁入地的因素（Factors Associated With the Areas of Destination），第三是中间障碍因素（Intervening Obstacles），第四是迁移者的个人因素（Migrants' Personal Factors）（李立宏，2000）。

美国著名发展经济学家刘易斯于 20 世纪 50 年代中期在他的"二元经济结构"理论的基础上提出的农村剩余劳动力转移理论，认为发展中国家都存在两个截然不同的经济部门：一个是城市的资本主义化的工业部门，该部门集中了大量资本，具有较高的劳动生产率，另一个是传统的乡村农业部门，该部门缺乏资本，劳动生产率极其低下，农民仅能维持最低生活水平，但拥有大量剩余劳动力。基于这样的前提假设，劳动力迁移被视为大量的剩余劳动力从农村转移到城市，从农业转移到工业部门的过程。这一理论虽然存在缺陷，但为研究发展中国家农村剩余劳动力的转移提供了新思路和新方法。

美国发展经济学家拉尼斯和美籍华人学者费景汉在刘易斯农村剩余劳动力转移理论的基础上于 20 世纪 60 年代初创立拉尼斯—费景汉理论，该理论对刘易斯理论进行了完善和发展（费景汉和拉尼斯，1961）。

乔根森模型是美国经济学家乔根森（1961）依据新古典主义（New Classicalism）的分析方法创立的一种理论。乔根森理论否定了刘易斯、拉尼斯和费景汉理论的剩余劳动力假说和固定工资观点（蔡思复，1991）。该理论应用了马尔萨斯人口论的观点，也不符合发展中国家的实际情况。

托达罗预期收入理论是由美国发展经济学家托达罗在 20 世纪 60 年代末 70 年代初创立的，认为一个农业劳动者决定他是否迁入城市的原因不仅决定于城乡实际收入差距，还取决于城市的失业状况（Todaro，1969；Harris and Todaro，1970）。

舒尔茨（1987）的二元经济模型把农业经济问题与人力资本理论的研究结合起来，研究发展中国家的农业问题和农村剩余劳动力转移问题，从而提出了不同于刘易斯等的农村剩余劳动力转移理论。

康纳德博格（Kannada Berg）等在 20 世纪 50 年代末提出了劳动力转移的"推力—拉力"理论和迁移重力模型。该理论认为，农村种种消极因素形成了"推力"，其积极因素形成了"反推力"，城市种种积极因素形成了"拉力"，消极因素形成了"反拉力"。农业劳动力总是在"推力"和"拉力"，"反推力"和"反拉力"的比较和正负效益权衡中，作出是否转移的决定（Dorigo and Tobler，1983）。

（2）微观方面

古典经济学与新古典经济学的人口迁移理论差异在于：前者以"劳动同质"以及"农村劳动剩余"为理论前提假设，而后者假设农村"劳动稀缺"。在微观方面，迁移网络理论以及迁移的性别选择理论基本都是在成本—收益理论的基础上加以延伸的。

　　经典人口迁移理论认为，人口迁移的决策主体是独立的个人，其目的是达到预期收入最大化。但以 Stark 等人为代表的新迁移经济学对经典人口迁移理论的许多假设条件与结论提出了挑战。这种理论认为，分析农村劳动力迁移的原则不是个人福利最大化，而是家庭福利最大化。该理论否认了个人作为迁移决策的主体，而是认为迁移决策由家庭或家族共同做出，是一种"集体化"的行为。它在使个人的预期收入最大化的同时力图使家庭面临的风险最小化，并尽量摆脱与本地各种市场相关联的条件制约（Stark and Bloom，1985；Massey et al.，1993）。

　　迁移的成本和收益理论。家庭迁移理论中，第一种是个人观点的直接转化，Clark（1986）认为家庭净收益而不是个人净收益是家庭迁移的动力，迁移被看作对家庭人力资本的一次再投资，当家庭预期的收益超过迁移所耗费的成本时，迁移行为就发生了。第二种是 Stark 和 Bloom（1985）提出的新迁移经济学解释。该理论强调迁移决策是由家庭集体做出的，迁移的动机不仅是为了获得预期收入，同时也是为了使家庭的风险降到最低。因此，家庭往往会挑选成本最小而收益最大的成员进行迁移。

　　中国在转型时期的大规模农村剩余劳动力转移问题，早已引起学术界的关注，20 世纪 70 年代后期学者开展了这一问题的研究。但在理论方面，对农村剩余劳动力转移的理论研究多偏重于对发展经济学经典理论模型的应用基础上，特别是提出了剩余劳动力转移的具体模式。在实证方面，我国大部分学者的研究都是建立在借鉴西方成熟的迁移理论基础上，结合中国国情和实际可得的数据加以分析和验证。有关人口迁移影响农村经济的文献，大致可以分为两类：一类是利用官方数据或抽样调查数据进行分析，认为当前中国的人口迁移"至少没有足够的证据能证明农村劳动力迁移已经对种植业生产造成明显的不利影响"（赵阳，2000）。另一类则以当前人口流动的实地调查与研究为事实，尤其是以农村出现的"抛荒"现象为依据，认为当前劳动力外流开始对流出地的经济产生负面影响（高乔明，2002）。

　　对中国转型时期的劳动力流动行为所带来的影响，学者之间还存在较大的争议。特别是对流出地农村经济影响的研究，必须将中国劳动力迁移的实证经验升华到理论层面，令人信服地阐述迁移的动因、现状和预测未来的发展。因此，本研究试图通过建立迁移农户的生计策略模型，探讨西部贫困山区背景下的劳动力迁移对流出地家庭的生计带来的影响及机制，而基于可持续生计框架将迁移视角引入，还需要更为适合的理论支撑。新迁移经济学的相关理论和假设为两者的结合提供了支持。

2. 新迁移经济学理论的适用性分析

经典人口迁移理论认为，迁移决策是由独立的个人为达到预期收入最大化而进行的。但 20 世纪 80 年代以来，这一理论假设条件与结论被新的理论所挑战，从家庭或者家族这一角度来分析国际或国内人口迁移的研究逐渐增多。其中主要的理论代表是新迁移经济学的理论。关于外出的决策主体，在经典人口迁移理论和新迁移经济学理论中一直存在不同的观点。经典人口迁移理论认为个人是外出的决策主体，外出被视为基于预期收益最大化的个人决策（Todaro，1969）。而在新迁移经济学理论（New Economics of Labor Migration，NELM）中，迁移行为则被视为贫困家庭应对流出地风险、脆弱性和资本可及性限制，实现家庭收入多样化以对抗贫困的一种家庭策略（Katz and Stark，1986；Stark and Bloom，1985）。该理论主要有以下几个组成部分：（1）以生产和消费为单位的家庭或家族是分析迁移决策的单位，而非迁移者个人；（2）迁移的发生并非仅仅为了获得流入地更高的工资水平，分散家庭的经济风险是另外一个重要的原因；（3）参与外出务工与改善流出地的生产不一定互斥，迁移的另一重要动机是为了改善当地的生产状况，提高流出地的经济回报率，克服资本和风险约束，也就是说，流出地的经济发展并不一定降低外出务工的可能性；（4）对于处在不同收入分配层次中的农户来讲，相同的预期收益带来的效用并不一定相同；（5）政府可以通过劳动力市场、保险市场、资本市场和期货市场的政策来影响迁移的意愿（Massey et al.，1993）。尽管许多迁移的理论都是针对国际人口迁移的，其理论的假设和前提条件未必符合中国的实际，但从家庭户的角度出发来研究迁移，无疑为更好地探讨转型时期中国大规模劳动力流动提供了一个更新的视角，同时也为学者更深入地探讨外出务工与留守家庭的关系指明了方向。目前多数涉及中国劳动力流动的研究总是以流入地为主，分析迁移的选择性和动机等。而从流出地角度，关注人口迁移与家庭的结构性关系，既可以很好地了解在迁移过程中家庭这一整体对于个体决策的作用，也有助于了解迁移发生以后给原有家庭带来的影响。

新迁移经济学理论对研究中国农户成员迁移有着很好的适用性（杨云

彦和石智雷，2008），国内外对劳动力外出决策的微观研究都强调外出决策主体是家庭。家庭作为一个利益共同体，某些个人特征仅仅是服从家庭决策的次要因素（杜鹰和白南生，1997）。从家庭决策的角度出发，农户经济学的相关理论和假设为更好地描述和深入解释贫困山区劳动力迁移决策提供了依据：首先，传统的单一效用模型作为分析农户决策的基本理论框架符合新迁移经济学关于家庭作为决策主体的基本假设（Becker，1991），家庭成员在家庭内部以纯粹的利他主义作为行为准则的假设也从某种程度上契合中国传统的家庭观念和成员之间的特殊关系（李强，2001）。其次，西部贫困山区以农林业为主的经济形式极为单一和落后，经济发展完全依靠自身的劳动力，但劳动投入不以工资的形式表现，更无法计算成本，而投入与产出常常又是不可分割的整体，所以追求利益最大化的农户选择了满足自家消费需求和劳动辛苦程度之间的平衡，而不是利润和成本之间的平衡（宋圭武，2002）。因此，西部偏远山区劳动力外出决策是一个需要综合考虑相关条件并与成员劳动分工密切相关的主题。这些条件包括家庭中的社会关系，以及在决定家庭目标时性别、地位和权力的不平等（艾利思，2006）。而且这些限制性的条件在西部贫困山区显得尤为突出：家庭分工的刚性使得成员之间在许多劳动与工作上不完全替代，特别是男女两性的分工。农户经济学的相关思想也为更好地理解和分析中国西部地区劳动力外出这一家庭内决策机制提供了帮助：家庭是一个制度，它的存在是为了降低人们实现特定目标的交易成本，这些目标包括生存保障，再生产、抚养儿童、照顾老人等，这些目标无法在市场上有效实现（Ben‐Porath，1980；Pollak，1985）。

同时，家庭劳动力外出这一家庭策略的形成也是家庭成员之间关系互动的结果，这一结果取决于各成员在家庭内的议价能力。而这种议价的能力是根据劳动力的个人特征来判断的，尤其是外出者的个体特征（Doss，2003）。外出这一家庭策略的形成将动员农户面对这一新的机会作出选择，也是劳动力个人获得家庭之外的发展资源的过程。由于家庭成员是从各自的位置上参与这一过程的，所以外出对于不同性别和特征的个体来说意义也不尽相同（谭深，2004）。个人作为外出的实践主体承载着家庭的希望，家庭在做出该成员外出的决策时也要充分考虑其个人素质是否达到家庭的基本要求。因此，外出被视为在家庭的相关条件下，充分考虑了外出者个人的素质差异之后的决策。综上所述，作为家庭的整体决策，这一决策必然影响留守成员在流出地的生产和生活。而同时，家庭成员的外出务工承载了一定的家庭使命，外出后的劳动力必然给流出地的家庭以回馈。而这种回报会产生什么样的影响，还需要深入的实证分析。

对人口迁移现象的动因研究，可以说是近年来人口迁移研究都会涉及的问题。在宏观层面，多以"推—拉理论"解释了农村劳动力的外出务工，特别是城乡二元经济结构及地区经济发展水平的差异，导致欠发达地区的农村劳动力向发达地区和城市进行大规模的转移（杜鹰和白南生，1997；蔡昉和都阳，2000）。在微观层面，西方研究劳动力个体流动的直接原因多以"成本—收益"理论为主。而国内学者则注意到，在中国的文化背景下决策主体之间的不同。国内学者普遍认为家庭决策和经济目标是中国农民工迁移的特点。农户的家庭化为一个"整体"，迁移的决策从家庭整体利益最大化出发（谭深，2003）：第一，农户家中的劳动力是否外出务工是家庭的整体决策，而非家庭成员个人行为；第二，外出务工的首要目的是增加收入，因为从事农业生产的收益率过低；第三，外出被看作家庭人力资本的投资，对于这种投资的预期会与外出成员的状况，如年龄、性别、教育状况等有着极大的关系；第四，当前的大规模劳动力迁移并非个别人所谓的"盲目外出"而是"理性"的。学者定义了不同的"理性"概念，如"迁移理性""生存理性"等（杜鹰和白南生，1997；蔡昉和都阳，2000），比如黄平（1997）提出"生存理性"，认为当前的外出务工人员是以寻求生存为目的的，而非在市场化中追求个人收益的最大化，生存糊口才是中国农民在现实面前作出种种选择的首要策略和动力。而根据外出者所追求目标的不同，把人的理性分成了三个层次，即生存理性、经济理性和社会理性。基于这种划分，文军（2001）认为，在农民外出务工行为发生的初期，生存理性选择往往占据主导地位，之后可能会发生转变。周皓（2007）用新迁移经济学提出了"相对损失"或"相对剥夺"（Relative Deprive）的概念来解释中国农村广大地区劳动力外流的现象。许多调查表明，农村地区某个个体的迁移，并非因为他们想要迁出，而是因为从个体的角度来看，由于以农业生产为基础的个人收入远比不上外出务工所挣的经济收入，从而使个体感受到相对的收入降低；而从家庭的角度来看，社区中有成员外出务工的家庭所收到的汇款收入也使非外出务工家庭感受到经济压力。这种相对收入的降低被称为"相对剥夺",也是刺激家庭做出迁移决策的重要因素。

3. 农村劳动力迁移对流出地的影响研究

(1) 对农村的影响研究

人口迁移失衡导致外在不经济,这也是解释人口迁移造成环境问题的一个理论。同时迁移对农村地区由于其存在资源的"外溢效应"(人力资本外溢、投资外溢与自然资源外溢),必然会损害贫困地区的经济利益。比如人口过度迁移会导致农田灌溉体系的破坏,抛荒耕地附近的农作物,还将面临农药量、劳动强度等的增加。人口大量迁移,导致迁移人口输出地市场萧条,农业社会秩序遭到破坏。

劳动力的迁移通过多元渠道产生了人力资本投资效应:①人力资本水平直接影响个人迁移决策。一般而言,拥有较高人力资本的劳动力迁移比例大于低素质的农村劳动力,这是因为从低生产率、低收入的传统农业部门向高生产率、高工资的现代城市工业部门转移,决定了迁移的农村劳动力必须具备较高的人力资本才能满足流入地劳动力市场的需求。②人力资本与收入的正相关效应促进外出劳动力加大自身人力资本投资。迁移劳动力文化层次越高、劳动技能越强,发展潜力越大、工资报酬也越高。③提高就业竞争能力,提升社会地位的竞争促使一部分迁移劳动力为提高自身和后代素质而进行代内和代际人力资本投资。④农村外出劳动力通过资本回流效应和迁移示范效应促进了农村人力资本的积累。劳动力外出随之而来的是资本回流,既包括物质资本回流,即大量汇款流入农村;也包括人力资本回流,即在外迁移的民工形成回乡创业群体。许多务工者返回农村,把务工的积蓄、熟练技能和市场阅历用于经营特色农业、创办乡镇企业和商业,吸纳了相当数量的农村剩余劳动力。同时,人力资本水平高、流动性强的剩余劳动力在提前转移后,对其社会网络范围内的剩余劳动力有一定的示范效应,带动许多农村劳动力形成集体转移模式。

(2) 对农户的影响研究

要研究迁移对农户的影响,不得不和迁移的动机联系起来。处于不同生命周期的人对迁移有着不同的动机。与第一代(20世纪80年代)外出务工的农民相比,新生代的农民工的外出动机已经发生了很大的变化,从"经济型"转到"经济型和发展型并存"或者"发展型"。所谓"经济型",是指外出务工以赚钱贴补家用为目的；而"发展型"则是指外出是为了见世面、改变自己的命运、追求城市生活或现代化生活方式；"经济型和发展型并存"就是两种动机兼有。外出者会同等地看待它们的作用、意义和重要性。有学者研究表明，新生代外出人口中有过务农经历的人远远少于第一代的外出者。即便有务农经历，在务农的时间上也多比第一代要少。在不同的外出动机下，他们对未来的打算和规划必然对流出地家庭的生计策略产生不同的影响。对于部分回流人员来说，农业劳动经历的缺乏和技能的丧失迫使他们的家庭重新审视和选择他们今后的生计策略。

在此基础上，有学者进一步研究劳动力迁移对农户生产的影响。这方面的研究多集中在对农业的影响上（Rozelle et al.，1999）。许多学者对其看法不同。美国经济学家 Michael Lipton（1980）曾以非洲社会为例，证明人口外流确实导致了流出地农业产量的明显下降。但该结论并不具备普适性，亦有人以印度尼西亚西爪洼为例得到了相反的观点。赖存理（2000）认为，劳动力转移缓和了农村人口和土地的矛盾，促进了土地的流转和规模经营。农民外出务工，与其所承包的耕地分离，导致农田空闲增多。他们把其原先承包的土地转包出去。这样就促进了土地的流转，使仍然在农村务农的农民可以扩大规模，耕种更多的土地，使农村人多地少的矛盾得以缓解。当人口发生迁移以后，土地作为重要的自然资源发生流转，从参与外出务工的农户流转到没有外出务工的家庭（柳建平和张永丽，2009）。农村劳动力转移导致劳动力分布及土地经营规模发生变化，劳动力转移对种植结构、耕地利用程度、土地利用类型都产生了影响。此外，劳动力转移还影响着土地的劳动投入、资金投入。在一些有交通地理优势的地区，一些农民利用这种区位优势去发展新的产业，并步入了富裕阶层。有的还进城专门从事非农活动，而他们身后留下的劳动力空缺则会通过劳动力在空间上的重新分布，通过一种梯级流动模式得到弥补（冯仕政，1996）。这种情况下，劳动力流动不仅使土地等自然资本发生变化，也使人力资本在城乡之间、农村内部发生了重新配置。劳动力迁移对物质资本的影响多是通过金融资本发生的。许多研究将物质资本归并到金融资本一大类中去研究。劳动力迁移引起了农户对农业或非农生产的投资（生产工具、固定资产、运输设备等），在此各生计资本之间形成了资本的互动。

迁移带来了劳动力和资金的双向流动。劳动力迁移不仅会使农户家中现存的人力资本在空间上得到有效的重新配置并不断增值；同时外出后家庭成员吸收了不同的文化思想，也可能会改变他们对于教育的观念；外出者往往更加重视对孩子的教育；这被视为家庭人力资本的一种投资，从而有利于增加人力资本的存量（吴继煜，2006）。在这一过程中，劳动力的流出也会给农户在流出地的生产带来不利影响，而同时汇款的流入在一定程度上补偿了这一缺失。作为迁移决策的出发点和落脚点，汇款在分析迁移对家庭影响的研究中扮演了关键的角色。除了迁移带来的劳动力变动对家庭的影响外，许多学者都将汇款作为迁移影响流出地家庭的重要因素和途径。许多迁移的影响正是通过汇款的投入和使用带动家庭生计的变革。外出的成员出于何种动机要向仍在农村的成员汇款，Lucus（1987）和 Stark（1988）创立了一个"温和的利他主义或被教化过的自利"（Tempered Altruism or Enlightened Self-interest）的模型，把汇款看作迁移者和家庭之间自动履行的合同安排中的一个要素。

迁移的流向既是综合了家庭特征和外部资源所做出的重要选择，同时也是直接影响劳动力外出后留守农户生计的重要因素。根据迁移的流向，可以将迁移划分为不同的类型，比如国际迁移和国内迁移，省内迁移和省外迁移，本地迁移和外地迁移等。这些不同流向的迁移为学者提供了新的研究视角。许多学者把迁移的流向和汇款的作用结合起来研究流出地农户受到的影响，如 Adams（1998）在巴基斯坦的研究发现国际迁移的汇款对农户资产的积累有着非常显著的作用。因为迁移的两种流向带来的收入具有不同的投资属性，跨国迁移带来的汇款被视为一种短时间收入，是从海外获得对收入的暂时性冲击，应该被用来投资，因此具有较高的投资倾向，特别是在农业生产上的投入；而国内迁移汇款被视为长期收入，人们更倾向于把它视为一种短时间和持久收入的混合，应该被用来消费，因此，对任何农户资产的积累都没有正面和统计上的显著影响。Mendola（2008）在此基础上将迁移类型更加细分为跨国迁移、国内暂时迁移和国内永久迁移，以此来分析不同的流向和类型对提高生产效力的潜在影响。跨国迁移对粮食生产有积极的影响，也是家庭资本积累的来源（Rozelle，1999；Lucas，1987）。显然，中国的劳动力流动较其他发展中国家的迁移更为复杂、更为多样。同跨国迁移相比，转型期的我国大规模劳动力更多的是进行跨省、跨地区的流动。目前在国内涉及迁移流向的研究多集中在一些现状的描述分析中，如农业部农村经济研究中心课题组（1996）利用四川、安徽 2 省 28 个县、280 个村庄、2820 个样本户的资料，对外出劳动力的人口特征和从业情况做出推断和分析，跨省打工者的比例分别高达 78% 和 91%；四川的劳动力集中流向广东、福建，安徽的劳动力集中流向江浙沪一带。专门针对迁移流向影响的文献尚不多见，但从一些学者结合实地调研的实证研究中可以找到一些迁移流向对家庭影响的分析。有学者按照劳动力外出务工的距离分为省外迁移和省内迁移，发现到省外打工的人口多是以谋求个人发展为目的的年轻人。他们对于家庭的责任，以及所提供的经济支持无法用"利他性"假设来解释。同时研究还发现，省外打工促进了流出地家庭成员发生阶梯状迁移，也即留守地的家庭成员在缺乏劳动力和收入的双重困境中选择到自然条件较为优越的地区进行农业生产，以抵消由省外打工成员带来的劳动力缺失。这也体现了迁移后农户最大化家庭收益所选择的一种策略（李聪等，2010）。

目前，在中国西部的贫困地区，为保护环境，中国政府对农户的生计行为实施了严格的限制（于秀波等，2006）。在西部生态脆弱地区的贫困农户家庭中，其主要劳动力的乡城迁移的决策正是基于家庭生计资本和当地社区自然条件约束下所做出的生存理性选择，是符合农户自身利益最大化的反应，是农户追求更多的经济收益、降低脆弱性、应对农业生产风险、追求更多发展机会的一种生计策略。贫困家庭这一生计模式的转变已经对个人、家庭、社区及整个社会产生了并仍在继续产生着复杂而深远的影响，成为许多学者研究和讨论的热门话题（胡枫，2007）。尤其令学者们格外关注的是这一生计模式转变所产生的大量弱势群体及这些群体由于资产、权利、能力的缺乏而表现出的生计模式上的高度脆弱性（陈传波，2005；陈传波等，2006）。研究者分别从农业女性化、留守儿童、空巢老人、土地制度、农业发展等不同角度分析了农户生计模式转变对个人、家庭、社区所产生的经济、社会和文化影响。如高小贤（1994）从农村劳动力转移的性别差异入手，分析女性非农转移的现状、滞后的原因，农业女性化给妇女自身发展带来的影响。方子节（1998）分析了男性外迁后形成的女性农业化对女性和农业的负面影响。叶敬忠（2006a，2006b）探讨了父母外出务工对留守儿童的学习与情感影响，张文娟和李树茁（2004a，2004b）则探讨了劳动力外流背景下的养老问题。然而研究内容较多集中在家庭中主要劳动力的迁移对家庭成员的生产方式、生活方式、情感等方面的影响上，还没有从可持续生计角度对这一行为导致的农户生计策略和生计模式选择的内在机理进行系统的研究。

第三节 劳动力迁移对农户生计影响的相关研究回顾

一 劳动力迁移与农户生计资本

劳动力迁移与生计资本在许多理论和实证研究中都有涉及，但缺乏系统性和整体性。从生计资本的角度，将五大生计资本分开单独来看，劳动力迁移给生计资本带来的影响在许多研究中都有涉及。然而，将这些资本类型统一在可持续生计框架中，作为影响生计策略选择的基础进行系统研究得较少。因此，涉及劳动力迁移对生计资本影响的实证研究尚未体系化，这为本书的研究提供了空间。首先，从劳动力迁移带来的后果看，多数学者将重心放在迁移对生计策略和生计后果的研究上，如迁移带来农业生产活动和家庭收入的变化（Rozelle et al.，1999；Taylor et al.，2003）。而在可持续生计框架中，作为影响生计策略和后果之关键环节的五大生计资本，在迁移后发生怎样的变化尚无研究。其次，以往很多学者将农户的生计资本作为影响迁移决策的因素（Gray，2008；Mendola，2008），而实际上，家庭成员外出务工和农户的生计资本之间存在双向因果关系（冯仕政，1996；Curran，2002）。生计资本既是劳动力外出的原因，也是外出的结果。因此，本书沿着迁移影响生计资本这一主线对所涉文献和研究进行系统的梳理。

家庭劳动力迁移这一行为本身直接和间接地影响着家庭的生计资本。在迁移发生的过程中，迁移成员获得了高于流出地生产的收入，人力资本得到了更为优化的配置，也即原本隐藏的人力资本转化为显性的人力资本而实现了收益的增加（唐家龙，2008）；此外，外出务工的成员在流入地构建了自己的社会网络，获得了一定的社会资本，并使家庭或家族后来者和下一代从中获得教育和工作的机会，并以此提高家庭的人力资本和金融资本（Kothari，2002）；不仅如此，外出务工的家庭成员通过"干中学"的积累效应和溢出效应，提高了自身的人力资本水平（Deshingkar，2006）。在此过程中，迁移者的社会资本起到了十分重要的作用（刘祚祥等，2008）。此外，当回流发生时，也无形中提高了流出地社区的人力、金融资本、社会资本，并带来了跨国和跨地区的网络（Adger et al.，2002；Zhao，2002）。从另一角度讲，家庭劳动力迁移也带来了观念上的改变，人们更加重视对子女教育、家庭成员技能等人力资本的投资，这在一定程度上促进家庭人力资本的形成和存量的增加（吴继煜，2006）。但也有研究发现，大规模的劳动力外出务工无形中增加了流出地的工资压力，进而提高了大龄儿童不受教育的机会成本。调查发现，对于 16～18 岁年龄段，在有成员迁移的家庭中，孩子的受教育水平较低（Acosta et al.，2007；McKenzie and Rapoport，2006）。同时，外出务工也给自然资本带来一个重要问题，即是否转让家庭流出地的土地及改进农业生产。但由于多方面的原因，目前在中国发生的土地流转规模很小（赵树凯，1998）。

除了外出务工行为本身带来的影响外，学者把外出务工者给流出地家庭的汇款作为一个重要的影响途径（Drakakis-Smith，1996；Muchagata and Brown，2000）。关于这一问题，学者们所关注的焦点是汇款在消费或生产投资之间的选择。但无论投向如何，汇款都在一定程度上克服了贫困家庭的信贷约束，影响了农户对物质、人力、社会及自然资本的投入。同时，汇款又是外出务工这一迁移行为最主要的特征和影响因素，直接带来了家庭金融资本的提高。由于汇款是一种暂时性收入，比永久性收入的投资倾向更大（Adams，1998）。汇款用来投入农林业生产以弥补资金和劳动力的不足。另外，以教育为代表的人力资本的投资是最优先的考虑（Adger et al.，2002）。根据在墨西哥的调查显示，农村地区低龄少年呈现较高的教育获得性、低文盲率、低辍学率，这都与当地外出务工带来的高汇款现象有很大程度上的相关性（Acosta，2006；Edwards and Ureta，2003；Hanson and Woodruff，2003；Lopez-Cordova，2005）。不仅如此，汇款还用于流出地家庭成员的健康投入，进而提高家庭整体的人力资本（Amuedo-Dorantes，2008；Deshingkar，2006）；同时也能创造投资于以土地为代表的自然资本的机会（Brown，1994）。汇款还被用于购买农用生产所使用的机械工具（Adams et al.，1996）、用在建设家庭居住的房屋等物质资本的投资（Duryea et al.，2005；李强等，2008）。汇款用于典礼仪式和其他公共活动的消费是很重要的社会资本投资。这种"地位主导性"的消费被视为一种社会资本投资，有时甚至占据了汇款的大部分（Mahmood，1991）。Adams

（1996，1998）在巴基斯坦的研究发现，汇款对于增加灌溉土地的面积有着显著影响。可见，汇款的影响涉及了流出地家庭生计资本的各个类型，也在一定程度上克服了贫困家庭的信贷限制（Connell and Conway，2000；Stark，1991），增强了生计资本的可及性（Acosta，2006；Acosta，2007），促进生计资本的积累（Lucas，1987；Adams，1998；Ellis and Allison，2004；Waddington，2003）。从资源交换的角度来看，汇款在家庭的投资和使用可以看作农户将所获得的金融资本与其他生计资本进行再次交换的一个过程，进而改变和提升家庭生计资本的拥有量以确保生计的安全性和可持续性。

　　与其他发展中国家和地区相比，中国西部贫困地区的农户生计资本和劳动力迁移有以下特点：第一，生计资本存量和积累水平低，存在不同程度的脆弱性，表现在：农户对自然资本的依赖比较大，家庭金融资产匮乏，且流动性和可及性低，人力资本质量低，基础设施匮乏导致社会资本和物质资本的硬指标普遍低下。第二，生计资本仅限于自身温饱问题的解决，对生计资本的投资和运用非常有限并受环境制约（李小建，2002；徐明凯等，2008；徐鹏等，2008），面向市场实现生计资本社会融合的发展程度严重不足。第三，西部山区劳动力迁移行为不但是基于当地社区自然条件、政策限制和资本约束下所做出的符合自身利益最大化的生存理性选择（杜鹰和白南生，1997；黄平，1997；蔡昉和都阳，2002），更是基于劳动力和资本置换以实现家庭劳动力市场化和社会融合的过程。第四，中国背景下特殊家庭关系的存在，使外出务工的家庭成员与留守家庭之间有着很强的联系（李强，2001；Deshingkar，2006）。同大多数第三世界国家的研究相似，劳动力迁移对生计资本的积极作用得益于这一行为所带来的资本间的动态转换。迁移带来的生计多样化主要依靠金融资本对其他资本的转换和进一步组合。

二　劳动力迁移与农户生产策略

　　由于家庭成员的外出，整个家庭的生产生活方式也因此发生了变化。这些变化构成了迁移家庭进行新的生计策略选择的背景和前提。

　　新迁移经济学相关理论和大量的文献从资金和劳动力的双向流动来分析迁移对留守家庭成员的影响（Mendola，2008）。迁移带来了农户家庭劳动力和资金要素的双向流动，提高了家庭资源配置效率：一方面通过空间位置的改变和劳动权利的市场交换，使大量闲置的劳动力资源得到开发（唐家龙，2008），但伴随着迁移发生，家庭生产性劳动力的损失也影响了流出地的生计活动选择；另一方面，迁移带来的汇款克服了农村资本市场不完善的限制、纾缓信贷约束并促进了生计资本的积累以转变为所需要的资本组合，并投入相应生产以实现家庭收益最大化（Stark and Bloom，1985；Lucas，1987；Stark and Lucas，1988；Taylor et al.，2003；Stark，1991）。除此之外，迁移也给留守家庭劳动力供给带来了隐性影响，汇款的收入效应在新的生计活动选择过程中影响着留守家庭的劳动决策，农户要对用于生产活动和闲暇之间的劳动力进行再次权衡和分配。

在面临着信贷市场和保险市场不完善的情况下，迁移与其汇款能够起到纾缓资金信贷约束并极大地改善生产性投入和投资的作用。许多学者都基于新迁移经济学的假设进行了验证（Rozelle et al.，1999；Lucas，1987；Taylor et al.，2003；Taylor，1999；Winters et al.，2002）。从文献中可以看到，农户迁移后形成的汇款收入由于接受地的文化、经济等条件的不同，接受者对汇款收入的使用也不相同（Niehof，2004；Pennarts and Niehof，1999）。迁移所产生的收入回流对流出地的社会、经济产生了冲击，形成了复杂的后果。在某些农村地区，劳动力外出的汇款已成为农户的主要收入来源。Adger（2002）认为，劳动力外出所形成的收入回流对家庭生产策略的影响取决于汇款接受者对汇款的使用。农户使用汇款取决于资本的稀缺程度和期望的报酬，投资于物质资本、社会资本和人力资本等方面往往会对改善家庭生产有着积极的作用；而将汇款用于非生产性的消费使农户更加依赖这种非农收入，减少了对农业的投资，对留守成员在本地的生产有负的效应。另外，对有迁移的农户得到汇款收入也产生了一个间接的影响，就是增加了农户之间的收入不平等。而这种不平等的加剧会减弱集体的约束力从而导致农户对自然资源的过度使用，从而恶化了流出地的外部环境。在流出地，汇款收入的各种影响此消彼长。汇款影响收入的分配和资本的积累，进而间接影响着资源的利用。但汇款的使用通常无法因其特殊用途而被标记，它们可以相互转换和被转移到其他支出上。因此，这种直接或者间接作用是非常难以被量化的（Adger，2002）。

关于汇款的争论之一便是其用于消费或生产性投资的选择问题。但无论是用于家庭的消费项还是生产项，汇款的使用都在一定程度上促进了生计资本的积累和转换，并创造农户在当地发展的机会（Brown，1994）。迁移通过汇款改变农户的生计资本，并最终影响生计策略。汇款作为一种暂时性收入，比永久性收入用于投资的可能性更大。汇款能创造投资于土地、教育和其他资产的机会以及存款和当地发展的机会（Brown，1994）。迁移及其汇款作用于人力资本和物质资本，改变农业生产的集约型和新技术的应用等因素（Adger，2002）。在贫困地区，牲畜是一种重要的价值储存物。牲畜和家禽是穷人首选的金融资本和物质资本投资。因为它们有一定的灵活性和多种用途。出租牲畜可以获得收入，提供牛奶和肥料以及幼畜可以获得现金或者其他的替代品。牲畜的肥料可以用来施肥，保持自然资本的肥力和价值。总之，牲畜是一种可以用来应对个人意外事件的具有流动性的资产（Adam，2001）。家畜的喂养是一项劳动力集约型工作。家中有更多男性迁移的农户缺少时间和劳动力去照看家畜（Adam，1998）。劳动力外出带来的劳动力缺失对农户从事畜牧养殖生产有比较明显的影响。一些农户因为劳动力发生迁移后变得紧张而不得不放弃或减少家畜家禽的饲养。而没有条件外出的农户，尤其是那些并非因为缺少劳动力而无法外出的农户，一般会把发展畜牧业当作获得现金的现实途径（农业部农村经济研究中心课题组，1996）。汇款还直接用于投资小规模的自营活动（Amuedo – Dorantes and Pozo，2006；Woodruff and Zenteno，2007）。

此外，家庭在劳动力发生迁移后所获得的社会网络和资源在农户与市场、政府和其他参与者建立社会联系时起到了关键作用。这种社会联系产生了新的资源、权利和机会，它们同社会资本一道改变了农户的生产行为（Bebbington，1997）。自然资本能否得到可持续利用在很大程度上取决于农户所处的市场、社会关系、社会政治等级、权力的使用和农户所拥有的自然资源禀赋、权利等（Leach，1991；Turner and Benjamin，1994），因此，农户对社会资本的可得性和可及性将会直接影响农户对其他资本尤其是自然资本的利用。充满信任的组织可以有效地规范产品的生产、技术的应用、自然资源要素市场的进入与使用并通过农户的个人社会网络得到有效的传播（Bebbington，1997）。那些经济互助形式的组织更容易使农户得到技术、市场和各种权利与机会，并促使其他资本的相互转化，从而减少农户对自然资本的依赖。然而，Bebbington（1997）认为，农户主要劳动力的外出也会使这种社会联系减少。农户参与当地经济和管理的积极性降低，从而不利于当地经济的发展，并不能摆脱贫困与环境恶化的"恶性循环"。

研究者还注意到，外出务工后的农民加深了农村和城市的联系，把技术和信息带回农村，促进了农村的发展和自身生产水平的提高，增加了农户生计选择的空间（Adger，2002）。劳动力的迁移决策也是劳动者的个人决策（Todaro，1969；Harris JR and Todaro，1970），是劳动者个人为寻求自身资本禀赋提高的有效途径。然而，有研究表明，劳动者的进城务工策略对劳动者的资本禀赋具有互为因果的促进作用（Curran，2002）。具有较高社会资本和人力资本的农民往往更可能找到技术含量高且收入较高的工作。而这些工作又会对这些农民的资本禀赋结构形成良性转移，使他们的生计转向多样化的策略，减少了对自然资源的依赖，有利于生计可持续发展。然而，那些社会资本较低的农户进城务工也只能寻找到一些技术含量较低且收入较低的工作。这使得这些农户的生计更加脆弱，不能从贫困和环境恶化的循环中走出来（Ellis，1998）。从家庭的角度来看，成员的迁移经历有助于获得家庭以外的发展资源（谭深，2004）。相关的非农经验也会提高农户在本地从事非农自营的概率（蔡昉和白南生，2006）。回流者丰富了流出地社区的人力、社会和文化资本并构建了跨国和跨地区的网络。这种长期建立起来的信息和联系网络能帮助家庭识别潜在的机会和困难（Kothari，2002）。

总的来说，劳动力迁移所带来的资本禀赋及可及性的变化，结合市场和风险因素作用于迁移后农户的生产决策：生产领域的选择，要素投入，形成了在上述两个方面的选择集合并相互关联，综合反映了农户家庭在劳动力外流以后的生计策略全貌。

三　迁移和汇款对家庭支出的影响

学者和政策制定者都非常关注农民外出务工及汇款的作用，然而，这种关注多集中在农民增收的层面上，往往忽视了汇款作为现金收入，对在流出地面临资金流动性约束、缺乏完整社会保障的农户有着更为重要的作用。外出务工不仅是"有没有钱"的问题，更重要的是可能对"敢不敢花"也产生着影响，即改变了农民的边际消费倾向和投资倾向，并在生计多样化的层面上形成更多的风险规避手段。针对后者的研究在国内仍然较为鲜见，与此相关的政策制定和政策评价应当更多地关注汇款在增收以外的作用，而除了提高家庭支出水平，汇款对农户家庭支出的影响的研究较少。

近些年发展迅速的新迁移经济学（New Economics of Labor Migration，NELM）为我们研究汇款的多重作用提供了较好的理论基础。其相关理论从家庭决策的角度分析了农户家中的劳动力迁移及汇款行为，为实证的研究奠定了理论根基。迁移被视为农户为分散风险和增强资本可获得性而采取的家庭决策（Stark and Bloom，1985）。在这一决策背后，外出务工者与流出地的家庭成员之间通过一种协商的协约性安排以保障各自利益及家庭整体的安全，汇款即这种契约安排下的产物（Lucas，1987；Stark and Lucas，1988）。汇款对于贫困农户，在放松信贷约束和提供保险方面发挥着重要的作用（Taylor，1999）。特别是在西部贫困山区，人与自然矛盾突出带来的生计活动受限，加之市场缺失带来的资本可及性差，使得汇款对于农户生计的意义至关重要（李树苗等，2011）。

沿着新迁移经济学的理论假设，汇款对家庭的影响成了学者关注的重点，并进行了大量的实证研究。但对于汇款的投向这一问题，学术界仍存在争议。汇款的使用与农村经济的两个重要方面息息相关，即经济增长和需求。劳动力迁移之所以能对农村经济增长作出贡献，是因为汇款克服了市场的不完善，并增强了家庭生产性资产的投入，而这种生产性投资成为当地经济增长的动力和潜在创造者（Durand and Massey，1992；Escobar and Martinez，1990；Goldring，1990）。而大量对支出的实证研究得出了一个出乎意料的观点，流出地家庭收到的汇款不是用于投资，而是用于消费（Chami et al.，2005；Taylor et al.，1996）。

中国的农民工汇款问题受到了国内学者的广泛关注。现有研究可以归纳为两方面：一方面，从中国农民工汇款的状况入手来分析汇款的动机及其对于农户收入的作用，李强（2001）的研究提出了中国农民工的汇款是体现中国背景下特殊的家庭关系的一种利他表现，同时肯定了汇款对农户收入的积极影响；都阳和朴之水（2003a，2003b）通过比较不同贫困程度家庭汇款的数量来论证汇款对缓解农村贫困的作用；另一方面，分析汇款的决定因素及其用途，胡枫（2008）和李强等（2008）利用在城市调查的数据分析汇款的影响因素，包括汇款的决策、数量和用途等方面。

国内学者也认为新迁移经济学更符合中国的情况，但目前沿着新迁移经济学的假设并借鉴其范式分析汇款对家庭支出影响的研究尚不多见。现有的涉及汇款用途的研究使用了流入地的调查数据。这种方法虽然简捷，但它忽视了从外出务工所得收入和其他非外出务工收入之间是可替代的，同时留守家庭成员收到汇款后往往根据实际需求来分配汇款的使用（李强等，2008）。因此，从流出地的角度和数据来分析汇款对家庭支出的影响更有意义。

然而，要从流出地家庭的角度量化汇款对家庭支出的影响有一定的技术难度：首先，汇款的直接作用和间接作用，汇款往往是通过对家庭总收入（预算）的影响（贡献）间接地影响支出。在贫困地区，特别是在贫困落后的西部山区，农户的收入很大一部分是以实物形式获得的。农户缺乏现金收入，同时也缺乏将实物收入转化为现金收入的途径。在市场缺失的情况下，很难转换成其他所需要的物品和现金，而以现金形式获得的收入的作用显得更为稀缺。汇款作为一种现金收入极大地改善了农户的收入组成。其作用不仅局限于提高家庭的总收入，还包括它本身作为现金收入对家庭支出带来的影响。其次，汇款在其中起到了多少作用很难被量化，汇款和劳动力迁移的影响混杂其中，难以甄别。因为除了汇款会对支出产生影响外，劳动力迁移也可能影响家庭的支出方式。而且这种方式还可能由于劳动力迁移和收到汇款所产生的内生性从而导致计量的偏误。同样的变量可能同时作用于汇款和家庭的支出。除非这些变量得到控制，否则偏误很难避免。因此，如何解决这些问题构成了本书的难点。

在本章文献回顾和评述的基础上，我们可以看出针对劳动力迁移对西部贫困山区农户生计的研究存在以下几个主要问题：

第一，可持续生计框架的相关研究以实践干预为主，实证的研究少。可持续生计框架的提出为研究微观农户的决策与行为提供了有力的框架指导和视角，从而使这一框架在对发展中国家反贫困的干预活动中得到了广泛的应用。然而随着可持续生计框架应用领域的扩展，学术界逐渐开始对其进行深入的分析和探索，但目前的理论研究尚欠。其多被用于实践和干预活动，相关的实证研究较少。

第二，涉及劳动力迁移对流出地家庭影响的研究系统性不足，缺乏一个整体框架。虽然目前的很多研究都表明家庭中主要劳动力的迁移引起了生产方式、生活方式的变化，并肯定了迁移对农户生产和生活的积极影响，但对迁移所引起的生计变化则更侧重于从迁移的总体特征出发，偏重对结果的分析，缺乏一个整体的框架来对这一问题的内在机制进行系统的研究。此外，从生计的角度来分析家庭的劳动力外出对流出地家庭的影响缺乏专门的有针对性的资料收集，具体的实证研究较少。

第三，可持续生计框架缺乏劳动力迁移的视角。可持续生计框架的提出，为研究者提供了一种观察和研究农村发展问题的视角。然而，研究对象的主体仍停留在与贫困有关的农户上，在分析特定问题和群体时，粗线条的可持续生计框架很难做到深入。首先，在研究我国转型时期人口特征及其影响时，劳动力迁移这一重要的生计途径虽然包含在框架之内，但原有的可持续生计分析框架无法体现外出务工带来的家庭生计策略的动态变化，从而无法直接用作研究该问题的指导框架。其次，作为一般性的指导框架，可持续生计框架常常被当作应用导向的分析框架，在分析特定问题时未能同相关理论有机地结合起来，导致在学术研究和实际应用过程中很难达到深入和系统性。

考虑到已有研究的成果和不足，根据本书研究的目标，制定如下研究策略：

第一，借鉴可持续生计框架，基于新迁移经济学相关理论和假设，将劳动力迁移的视角引入可持续生计框架，构建用来研究劳动力迁移对农户生计影响的整体分析框架，分别从生计资本、生产策略和支出策略三个方面来体现外出后农户生计的变化。

第二，采用规范的实证研究方法分别从生计资本、生产策略和支出策略三个部分验证迁移对农户生计的影响，并探索其作用机理。生计资本部分，在量化农户所拥有的生计资本基础上，对比不同迁移家庭的资本差异，检验劳动力迁移对各类生计资本影响的存在性，并深入分析不同的迁移特征对资本的影响机制。生产策略部分，结合西部山区实际背景，细分农户家庭劳动力迁移和流出地生产活动的不同类型，并探索不同的务工方式对农户选择参与各类生产活动的影响，以及不同的务工人数对各类生产活动的收入影响。支出策略部分，通过改进贫困农户的家庭支出模型，将汇款的作用分为直接效应和间接效应，探索这两种不同的效应对农户支出选择和支出水平的不同路径。

第三章 劳动力迁移对农户生计
影响的分析框架

本章的主要目的是运用可持续生计框架的思想和相关理论研究劳动力迁移对农户生计的影响，即在可持续生计框架中引入迁移视角，将其改造成一个用于分析劳动力迁移影响农户生计的分析框架。从生计资本、生产策略和支出策略等方面对改进后的框架进行验证，验证思路的形成借鉴了以往理论和实证研究的结论，将充分体现西部贫困山区农户生计的背景。改进后的分析框架将重点关注劳动力迁移的影响，对这种影响的具体分析表现在理论和实证两个相互联系的层面上。考虑到生计的多样性和复杂性，以及可持续生计分析方法针对劳动力迁移研究的探索性阶段，本章结合发展后的框架和验证思路，提出明确的研究问题，并阐释迁移对农户生计的影响机制和路径，为以后各章的实证研究提供基础。本章的构建框架思路如图 3-1 所示。

第一节 劳动力迁移视角的引入思路和理论基础

新迁移经济学和可持续生计框架互为补充，将迁移视角引入可持续生计框架，既丰富了可持续生计框架的理论基础，同时也使劳动力迁移的分析更系统和全面。新迁移经济学的理论假设与可持续生计框架的思想精髓为两者的结合提供了空间和可能。

可持续生计框架的提出为研究微观农户的决策与行为提供了有力的框架指导和视角，从而使这一框架在对发展中国家反贫困的干预活动中得到了广

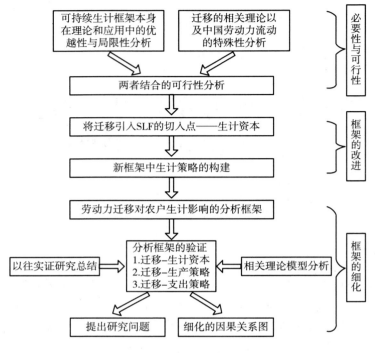

图 3 – 1 构建思路

泛的应用。然而，作为一般性的指导框架，可持续生计框架缺乏对特定问题
的拓展。而生计分析并没有一定的规则，其更注重和强调可持续生计框架的
思想，而不是框架本身。这使得可持续生计框架有了很强的灵活性。这一特
性为研究者跳出静态的短期方式而去探索动态的长期趋势提供思路，也同时
赋予了可持续生计框架更强的生命力。在分析中国劳动力迁移这一家庭人口
的动态变化给农户生计带来的影响时，劳动力外出务工这一重要的生计途径
未包含在框架之内。原有的可持续生计分析框架无法体现外出务工带来的家
庭生计策略的动态性。

不同于西方国家的劳动力迁移，我国的劳动力迁移有其特殊性。特别
是在贫困地区，劳动力外出务工已经对个人、家庭、社区及整个社会产生
了并仍在继续产生着复杂而深远的影响。研究表明，家庭中主要劳动力流
向非农行业改变了农户的资本水平及构成，也引起了农户生产生活方式的
巨大变化。但这种改变和变化是否会对农户家庭的生计发展产生良性的作
用尚未确定，其后果要看对农户有影响的文化、制度、社区组织形式等外

部因素。而对这一问题的分析，需要一个总体框架的指导。这个框架既要反映贫困农户生计的系统性和复杂性，同时又要有针对性地体现迁移给家庭人口带来的动态性变化。

（1）中国劳动力迁移的特殊性使得迁移这一行为对农户家庭的影响更为复杂和深远。深入地分析和理解这个问题需要一个系统的框架作指导。

不同于西方发达国家工业化初期的农民向城市移民，中国的劳动力转移情况截然不同。前者暗含的前提是：农民在农村从业的收益率不低于城市，且农村就业充分。基于这样的前提假设，在农村拥有土地的农民不存在向城市转移的动机；向城市移民的主体是失地破产的农民。而我国农村剩余劳动力从产生到转移的原因与西方类似，但转移的态势却有所不同：首先，剩余劳动力难以甄别，我国农村的土地分配基本采用均分制，农民之间的两极分化程度低，不存在严重的失地问题；其次，无论是否拥有土地，农村地区的人口向外流动的动机强烈，有些地区还出现农业劳动力短缺的现象，甚至导致土地撂荒，与此对应的是"386199"现象；最后，二元经济结构和较低的农业收益率是支配农村劳动力做出外出务工决策的主要原因，农户中对家中劳动力的使用情况，比如家中土地耕种需要几个劳动力，还剩余几个劳动力等并没有清晰的认识。有的只是一种对目前从事农业种植收益的概念，即"种地不挣钱"。所以，尽管农村人地矛盾突出导致大量的劳动力剩余，但没有以"失业"的形式表现出来，而是以普遍就业不足，或"潜在剩余"的形式表现出来。在这样的情况下，每个农村劳动力都是潜在流出者。从微观视角看，当前我国劳动力外流的行为并不是直接对"剩余"状态的反应，而是对处于这种状态下的一种"普遍性贫困化"的反应。在此背景之下，从事农业生产基本上是无法盈利的，导致在以农业生产为主要活动的广大农村地区出现一种普遍的贫困化。而大量的农民工流入城市寻找非农就业机会便是对这种普遍贫困状态的直接反应。因此，在这种有差异的预期下，落后的农业生产要让步于工业。

这种带有普遍性的迁移现象势必给农户家庭，特别是对流出地的成员带来复杂而深远的影响。无论农户家庭的劳动力充足与否，迁移行为的发生率都极高，因为种地不挣钱。基于这样的情况，外出的人口势必会同留在流出地的家庭成员之间保持千丝万缕的联系，同时他们对留守成员的影响更加深远和复杂：一方面，当农民工流入城市后，城市中健全的劳动力市场为他们从农民向工人的转变提供了条件；另一方面，城乡分割的就业制度、户籍制度以及相应的社会保障制度、医疗保险制度却阻碍了这种转变。在改革开放初期兴起乡镇企业之风，大量农村剩余劳动力变成了乡村企业职工，呈现出一种"离土不离乡，进厂不进城"的就地转移模式；进入 20 世纪 90 年代以后，我国农村劳动力转移的主体变成了外出的"民工"，其转移模式则变为"离土又离乡，进厂又进城"的异地转移模式。但无论是外出务工还是本地非农，转移的这部分剩余劳动力与农业之间仍有一条割不断的"脐带"，那就是他们合法拥有流出地的集体土地，这使转移出来的劳动力与农业有一种若即若离的关系，土地成了他们的"保底策略"。一旦在城市失业或打算退休，他们可能再次回流到土地上来。可以说，我国的农村劳动力流动是一种"半程转移"。也有社会学的研究从"家庭"的角度来分析中国的劳动力迁移，认为这是中国传统"家本位"的体现，是一种天然的联系。但无论从什么角度来分析，都可以看出，一边是外出成员同流出地的紧密联系，另一边是流出地劳动力的流失及伴随资金的回流。这势必会给流出地农户的生产和生活带来极大的影响。

　　中国的劳动力迁移这一显著的特殊现象从一开始就引起了学术界的关注，尤其令学者们格外关注的是这一生计模式转变所产生的大量弱势群体及这些群体由于资产、权利、能力的缺乏而表现出的生计模式上的高度脆弱性（陈传波，2005）。研究者分别从农业女性化、留守儿童、空巢老人、土地制度、农业发展等不同角度分析了农户生计模式转变对个人、家庭、社区所产生的经济、社会、文化、生产与生活的影响（高小贤，1994；方子节，1998；叶敬忠等，2006；张文娟和李树苗，2004；都阳和朴之水，2003；敖德玉等，2006；畅红琴和董晓媛，2009；胡枫和李善同，2009；李琴和宋月萍，2009；刘正中和邹海燕，2006；唐胡浩，2006；吴晓娜，2005）。然而研究内容较多集中在主要劳动力的迁移对家庭成员的生产方式、生活方式、情感等方面的影响上，还没有从可持续生计角度对这一行为所导致的农户生计策略和生计模式选择的内在机理进行系统的研究。同时也缺乏一个系统的框架，能够针对中国的劳动力迁移，综合考虑各个农户生产生活的各个环节，使得劳动力迁移对农户生计影响的分析更系统和全面。

　　（2）在现有的理论和分析框架中，可持续生计框架适合被用来研究这一问题。但直接应用它来研究这一问题还具有一定的局限性，从而使得分析无法深入和具体化，需要进行相应的改造。

可持续生计框架为全面理解农户贫困的深层次原因提供路径支持，并为研究微观农户的决策与行为提供整体思路和框架指导。该框架能反映农户的生计现状全貌，并为洞察生计资本和生计策略之间的联系提供思路。"生计"概念和"可持续生计框架"的引入为研究贫困农户的生产和生活提供了系统的思路。可持续生计的概念提出以后，越来越多地被援助和开发组织致力于形成并实施旨在消减贫困的可持续生计方案。以 DFID（1999）为代表的可持续生计分析框架旨在为计划和管理者提供一个适用的工具，其主要目的在于更好地理解不同利益相关者的生计，以及影响这些生计的主要因素。其应用的领域包括：确定发展的优先方面和新的活动；规划确认和设计、检查评估现有的发展活动。即使是原来没有明确使用可持续性生计途径进行设计的项目，也可以用这个途径对其进行检查、评估。它可以帮助人们站在客观的位置，来分析项目是如何影响穷人生计的，以及怎样去增强项目产生的积极作用。如过分强调物质产出（如树木、道路、水井等）或单个部门的目标（税收、市场等），而失去对改善生计和减轻贫困的广泛视角。对于有些具体项目，它可以用来使监测评估的重点更为准确、突出，也可以用来构建项目的逻辑框架。可以从以下方面简要概括可持续生计框架的应用价值：帮助深入理解贫困对象生活的实质和复杂性，以及在实施生计过程中面临的外部限制；发现并对穷人群体进行区分；充分地认识到干预过程中对象参与、能力建设和项目循环实施的重要性；构建用于分析政策的思考框架，促进政策制定和实践干预活动间的联系（Carney and Britain，2003）。因此，可持续生计框架无论是从宏观层次上还是微观层次上都为研究农村发展问题提供了有益的思路框架，可以使人们的思考和分析更加全面、深入。鉴于该框架注重强调影响农户生计后果的过程以及影响农户生计不同因素之间的多重性与互动作用，在研究迁移对农户生计影响这一问题时，将迁移视角引入，关注迁移所引起的生计链条上各个关键环节的变化，对迁移的影响和后果进行系统的分析和描述，使其在理论上具有可行性。

可持续生计的思想是缔造可持续生计框架的精髓所在。可持续生计框架的灵活性和可塑性赋予了它长久的生命力和广阔的发展空间。尽管可持续生计途径比较新，还正在发展，但它已经以多种方式被灵活地应用，来帮助农村发展，特别是反贫困的研究与实践。生计分析并没有一定的规则，其主要目的在于更好地理解不同利益相关者的生计，以及影响这些生计的主要因素。其被广泛使用的关键是跳出了静态的短期方式去探索长期的趋势，以及人们如何适应这种趋势。目前，为解决贫困与发展问题，许多国际发展机构和非政府组织根据各自的生计途径在发展中国家和地区进行实践活动，特别是与环境相关联的贫困问题。在这些农村发展实践活动中，以下四种生计途径被广泛使用（Frankenberger，2000）：①DIFD 所使用的 Scoones（1998）的可持续生计途径；②Frankenberger（2000）为 CARE 设计的以基本需要和权利相结合为基础的生计途径；③Neefjes（2000）为 Oxfam GB 设计的可持续生计途径；④Wanmali（1999）为 UNDP 设计的可持续生计途径。这些生计途径所涵盖的主题与内容基本是一样的，但在认识和实践的过程中也存在一些差异，主要是在对可持续性的理解、干预性实践活动起点以及生计分析过程等方面。此外，由于上述生计途径的实践主体本身也存在差异，在实践过程中不同主体本身的关注点和层面也会有所不同，因此各主体所采用生计途径的目的，在实施过程中所面临的问题，以及所采取的对策等也是不同的。在针对具体问题的分析和指导中，可持续生计框架还可以将参与式发展研究与实践的途径与方法同其他发展研究途径与分析方法更好地结合起来。这一突出优势不仅有助于取得更好的研究与实践成果，还可以促进从事农村发展的学术研究与实践活动在不同学科、部门之间实现大联合，从而更好地推动农村社会经济可持续发展。

鉴于以上两点的分析，可持续生计框架用于指导贫困地区劳动力迁移影响农户生计这一复杂问题具有可行性。然而，直接利用可持续生计框架来研究贫困地区劳动力迁移对农户生计的影响，还有一定的局限性，需要在实际的使用过程中加以改进：首先，可持续生计框架虽然可以为全面而系统地理解与分析农户贫困的深层次原因提供路径支持，但它只是一般意义上的、具有普适性的指导框架，并未针对特定问题进行深入和细化。特别是在指导实践的过程中，虽然粗线条的可持续生计分析框架能够揭示现有信息的不足，并指出开展参与式贫困分析的方向性，但是由于人们生活环境的差异很大，很难做到在全国范围内进行详细的生计分析以支持国家政策的制定。结合中国劳动力外流的背景，传统可持续生计框架作为一般性的指导框架，并没有发展专属特定背景下的子框架用以分析和比较不同群体的生计状况，从而导致在迁移背景下，生计链上许多重要因素被忽略。其次，在可持续生计框架中，劳动力迁移是家庭生计策略的一种。而在当前中国转型时期，特别是在西部贫困山区，作为既定的生计策略，务工使得农户的生计发生动态变化。迁移成为既定的策略之后，对家庭后续的生计产生影响。留守成员会基于这一既定策略进行新的生计选择（包括生产选择、时间分配等）。新的决策又会带来不同的生计和环境后果，但这一生计的动态变化无法在原有框架中体现。再次，可持续生计框架作为应用导向的分析框架偏重于实践和干预，在理论上的延伸和发展一直停滞不前。在分析劳动力迁移与生计这一主题时，必须要和相关的理论进行结合。最后，在实践应用可持续生计框架的过程中多数应用都利用了某些形式的生计分析，来评价发展活动是如何适应贫困人口生计的，评估发展活动与贫困者生计需求的适合程度。它更多的是被作为一种问题核查清单或结构化思考方式来使用，并不能实现生计各环节的量化，特别是针对农户生计的改进或者退减的程度（Angelsen and Wunder，2003），在这一点上通常需要与其他工具和方法相结合。

可以看出，中国劳动力迁移的特殊性使得迁移这一行为对农户的影响更为复杂和深远，深入地分析和理解这个问题需要有一个系统的框架作指导。在现有的理论和分析框架中，可持续生计框架适合被用来研究这一问题。但直接用它来研究这一问题还具有一定的局限性且容易造成分析无法深入和具体化。要解决这个问题，还需要结合相关的理论和已有的研究对其进行改进和细化。基于以上几个方面的考虑，本书将在相关研究的基础上，在可持续生计框架中引入迁移视角并将其改进，用来分析劳动力迁移对农户生计的影响。

第二节　劳动力迁移对西部贫困山区农户生计影响的分析框架

一　迁移视角是可持续生计框架的切入点

将迁移视角引入可持续生计框架具有重要的学术和政策意义。生计分析并没有一定的规则，只有将可持续生计框架与其他理论相互结合，才能使分析更为深入和富有理论意义，从而为可持续生计框架在学术研究上赢得更为广阔的空间。对于政策制定者来讲，只有通过不断拓宽可持续生计框架的应用领域，完善和改进先前的方法，才能深入和全面地理解那些对于贫困人口的生计系统至关重要的问题，并探索更具参与性的、以社区为基础、与国家政策密切相关的解决方案（纳列什等，2000）。

可持续生计框架的思想和新迁移经济学的相关理论为两者的结合提供了可能。在这一点上，农户的生计资本是关键。在很长一段时间里，各类机构开展工作都强调以满足受益群体的需求为导向，而可持续生计途径则强调受益群体的能力建设。如果仅仅注意了群体的需求，而没有以他们现有的能力和可能得到增强的潜力为基础，则所确定的措施或发展行动就不具可行性。在 Sen 关于可行能力的理论基础上，可持续生计途径提出了农户的资产组合概念。这不仅为研究贫困问题的根源及表现、全面地分析受益群体的能力提供思路，也为确定发展目标的内容、监测评估和影响评价指标提供依据。根据 Sen 的能力贫困（Capabilities Poverty）概念，贫困是权利不平等造成的。权利有以交换为基础的权利、以生产为基础的权利和自己劳动的权利，以及继承和转移的权利等。最终，这些权利拓展了一个人所拥有的和能够消费的商品集。贫困可看作能力水平低，或者"达到特定最小可接受水平的可行能力失败"。贫困的真正含义是创造收入的能力和机会的丧失。这样，贫困虽然表现为收入低，但是其根本原因是获得收入的能力受到剥夺和机会的丧失。"生计资本"不单单是用来构建家庭生计策略的资源和禀赋，更是农户的一种能力和权利，是一种对抗贫困、发展生计的可行能力（Bebbington，1999；Giddens，1979；Habermas，1971）。"生计资本"在可持续生计框架的生计链条中发挥了关键作用。可持续生计框架通过了解人们的资产禀赋，寻求农户如何努力来把这些资产转化为积极的生计策略，而"生计资本"代表农户的资源要素，是实施不同生计策略的基础和起点。农户的贫困是由家庭生计资本的有限性与不可及性造成的（Barrett et al.，2001）。

可持续生计框架和新迁移经济学的理论都强调"生计资本"的重要作用，这也是将迁移引入可持续生计框架的切入点。在贫困的相关理论中，迁移是一种对抗贫困的策略。劳动力迁移既是贫困的结果，又在一定程度上缓解资产的限制从而改变着家庭的贫困状态（Kothari，2002）。迁移之所以成为对抗贫困的策略源于其劳动权利的属性和资源交换的行为。Sen 在关于贫困与权利关系的论述中指出，贫困是人类关于所有权的反映，农户贫困是因为权利的缺乏，基于权利关系基础上的可行能力则取决于其拥有什么以及在此基础上通过交换获得的能力（对资本的占有和支配）。迁移是市场经济中人们公认的典型的权利之一，即自己劳动的权利：一个家庭拥有自己家庭成员的劳动能力，进而有权拥有与之有关的以贸易（交换）为基础的权利，以及生产的权利，选择迁移的家庭通过家中劳动力的外出在市场上交换其对劳动的所有权利，并获得其他权利的所有权和获得所有权的能力（Sen，1982）。与此同时，通过所有权的不断再交换使得家庭资源的交换能力不断提高，也为贫困家庭克服资本限制打开了新的局面。通过迁移获得的所有权的能力，从横向来看是农户的一种可行能力，从纵向来看是农户自我发展的能力。这种能力包括对影响农户生计活动所需资本的占有能力，并在很大程度上弥补了所需生计资本所有权的缺失。这无疑是给原本脆弱和僵化的农户生计模式注入了活力，成为农户生计可持续发展的动力源泉。因此，迁移作为对抗贫困的策略，表现在家庭权利的提高和能力的获得上。而农户生计资本不仅是单单地用来构建家庭生计的资源和禀赋，更是农户的一种能力和权利（Bebbington，1999；Giddens，1979；Habermas，1971）。在此，迁移改变的家庭交换权利和所有权落脚在其家庭的生计资本的变化上。

迁移通过提升资本进而降低贫困的重要作用受到众多学者的关注，尤其是在低收入国家和地区（De Haan，1999；Skeldon，2002）。许多学者肯定了资产与能力在改善个人及家庭社会经济福利以减少贫困方面的作用（Carney，1998；Ashley and Carney，1999）。Ellis（2003）认为迁移通过增加资产、降低风险和减少贫困脆弱性以达到改进生计的作用；Moser（2008）等人构建的资产建设框架受到 Sen（1981）对贫困、权利、资产和能力以及Chambers（1992；1994）对风险与脆弱性等相关工作的影响，将"资产和能力"纳入可持续生计和资产建设框架中，该框架用"资产和权利"来作为农户生计受到冲击的落脚点，并在此基础上衡量和定义贫困、脆弱性和能力，进而论证与迁移相联系的资产建设的机会；Koczberski（2005）认为生计资本影响和代表着农户发展生计的能力，而迁移影响着家庭对各种资本的获得和使用。在大多数第三世界国家，迁移对农户资产的积累产生了十分深远的影响（Adams，1998）。在南非（Lucas，1987）和中国（Rozelle et al.，1999）的农村地区，迁移被视为一种资本积累的源泉。

在新迁移经济学理论中，迁移被视为贫困家庭应对流出地风险、脆弱性和资本可及性限制，实现家庭收入多样化以对抗贫困的一种策略（Katz and Stark，1986；Stark and Bloom，1985；Stark and Lucas，1988）。迁移的过程还是一个劳动力和资本的置换过程。农户为了家庭收入最大化的目标，重新分配家庭的劳动力，使一部分劳动力到农业以外就业（Sjaastad，1962）。通过人力资本拥有者空间位置的改变和劳动权利的市场交换，人力资本的边际产出水平和产出效率得到了提升，从而为个人的收入增加带来了可能（唐家龙，2008）。按照 Lucas（1987）和 Stark（1991）的"利他性"假说，由于部门间和地区间收入差距的存在，外出劳动力将会获得更高的工资收入。同时，由于家庭成员之间是相互利他的，因此，收入较高的外出劳动力，将把一部分收入通过家庭内部重新分配的方式转移给家庭其他成员用以克服资金上的限制；最后，为了实现家庭收入最大化的目标，家庭其他成员又会将部分从家庭外出成员那里获得的资本投入相应生产中，以弥补生产资金和劳动力的不足（吴继煜，2006；赵树凯，1998）。新迁移经济学认为：迁移及其汇款提高了农户的资产可及性，进而突破了流出地家庭发展的制约，创造了参与其他生计活动并获得多样化收入的机会（Stark and Bloom，1985）。可见，与迁移相联系的资产建设机会通过权利和资源的交换克服和缓解了生计资本的限制。生计资本的提升为进一步的生计策略创造了条件，并最终改变农户的贫困状态（Ashley and Carney，1999）。

二 新框架中的生计策略

农户的不同生计策略体现在家庭动态的经济过程中。在这个过程中，家庭凭借资源要素选择参与不同的生计活动，并产生相应收入以满足家庭成员的需要。生计方式支配和影响着资源要素的投入方向，当原有生计方式不能解决资源要素的剩余，或不能满足人们的需要，而通过其他资源要素的转移可以解决该问题的时候，那么投入的非对称性就会发生在新的方向上并促使新的经济形态和生计方式出现（田俊迁，2008）。迁移就是在原有的生计方式不能满足人们需要的情况下，作为一种新的生计方式产生的。迁移带来新的资源和资产的双向流动，并在生计这一开放系统中使用这些资源和资产为新的生计活动创造条件。不同的生计活动组合是一个不断合并资源和资产的过程，最终构建了多样化生计策略（Niehof，2004）。

新迁移经济学相关理论和大量的文献从劳动力损失和收入增加角度来分

析迁移对留守家庭成员的影响（Mendola，2008）。外出务工带动了农户劳动力和资金要素的双向流动，提高了家庭资源配置效率：一方面通过空间位置的改变和劳动权利的市场交换，使大量闲置的劳动力资源得到开发（唐家龙，2008），但伴随着迁移的发生，家庭生产性劳动力的损失也影响了迁移后农户的生计活动选择；另一方面，迁移带来的汇款克服了农村资本市场不完善的限制、纾缓信贷约束和促进了生计资本的积累以转变为所需要的资本组合，并投入相应生产以实现家庭收益最大化（Stark and Bloom，1985；Lucas，1987；Stark，1991；Taylor et al.，2003）。除此之外，迁移也对留守家庭劳动力供给带来了隐性影响，汇款的收入效应在新的生计活动选择过程中影响着留守家庭的劳动决策，农户要对用于生产活动和闲暇之间的劳动力进行再次权衡和分配。

在新的框架中，考虑到迁移的背景以及特殊性，本书将生计策略的范畴划定在农户的生产和支出两大活动上，即新框架的生计策略包括生产策略和支出策略。生计策略常常指人们为达到生计目标而进行的活动选择的范围。农户生计策略是动态的，随着外部条件的变化而调整，改变着对资本利用的配置和经营活动的种类、比例的构成。因此，在新框架中，生计策略所包含的主题：首先，应该是受生计资本最直接影响的活动；其次，应该包括农户进行相关的活动选择的过程以及这一选择之后所产生的结果；另外，相关活动的选择和所产生的结果要能体现生计策略的动态变化，并体现一定的连续性和递推关系，即不光是从生计资本开始，到中间的生计活动选择，以及最后的生计结果，所选择的生计策略之间，即各个主题之间都要体现相互的关联和动态影响。

基于这样的考虑，本书的生计策略选择定位于农户的生产和生活两大主题。而与此密切相关的是农户的生产和支出活动，其分别包括生产活动选择和在各类活动上所获得的相应收入，以及支出类型的选择和在各类型上的支出比例分配。而本书分别将这两类活动上的选择和结果归为农户基于生计资本基础之上的生产策略和支出策略。首先，从生计资本的角度来看，生计资本是生计策略的基础。农户收入和支出活动的选择和结果最直接反映农户生计资本的数量和质量，并体现农户生产和生活的全貌。其次，起到类似作用的还有框架中所提出的农户生计的"脆弱性"环境、背景和变革中的组织、程序、政策环境等因素。特别是在脆弱性背景下，收入和支出更成为贫困农户生计的重中之重。另外，如前文所述，中国的劳动力迁移具有其独特性。作为家庭的决策，外出成员同流出地保持着紧密的联系，不但间接关注和参与家庭的生产和生活（收入和支出）决策，同时这种迁移的行为和所获得的汇款也是农户家中劳动力和资金的再分配。在以家庭为整体的集体决策和分工假设的前提下，流出地家庭成员的生产和生活必然受到极大的波及和影响。因此，在迁移和西部贫困山区作为分析生计的大背景下，生产策略和支出策略无疑成为首选，并能够覆盖农户所有在生产和生活两大主题之下的决策行为。

生计资本影响和代表着农户发展生计的能力，是决定农户是否有能力进行某种生计活动的关键（Koczberski and Curry, 2005），农户资本位置对农户参与收入创造活动和回报的影响是十分显著的（Winters et al., 2002）。借鉴生计资本这一概念，国外已有很多学者将农户五大生计资本放到生计策略影响因素的实证研究中（McCarthy et al., 2006; Sesabo and Tol, 2006），而目前国内还很少见。此外，除了五种生计资本，影响农户生计策略的主要因素包括外部经营环境和农户的内在因素两大类，外部的一些因素对生计的影响也是通过影响生计资本产生的（Newton et al., 2007）。

综上，根据 Sen 的理论，不只是生计资本，包括农户的生产行为和支出行为等都是基于农户的可行能力。从要素生产力角度上看，不同类型的农户对不同生产活动的选择，代表着不同类型的行为能力。劳动力迁移所带来的农户的资本禀赋及可及性的变化，结合市场因素作用于迁移后农户的生产和生活决策：生产活动的参与选择以及在此基础上所获得的收入；家庭支出类别的选择和比重，形成了在上述生产和支出两个方面的选择集合并相互关联，综合反映了农户在劳动力外流以后的生计策略全貌。

三 改进后的可持续生计框架

基于以上的分析，本书在可持续生计框架的基础上引入劳动力迁移视角，将其放到贫困脆弱地区劳动力外流这样一个大的背景下，加入迁移带来的农户生计变化的影响途径，根据迁移引起的农户生计资本的变化和外部环境约束来形成新的分析框架。本书提出迁移背景下农户生计分析框架，如图 3 - 2 所示。

"生计资本"在框架中占据突出位置，基本涵盖了家庭或个人的所有资源禀赋的方方面面。西部山区农户的五大资本有着自身的特点：农户的自然资源用耕地和林地的人均面积来测量，以体现户层面上的差异，而水和环境服务等在各个农户之间的差异不大，因此没有纳入；金融资本包括获得资金的各种正式和非正式渠道，西部偏远地区信贷市场缺失，但一些政府或非政府组织会提供给部分农户贷款或资助，高利贷和亲友间的借款也是农户获得金融资本的重要途径；此外，在贫困地区，农户将牲畜视为重要的价值储存物，在遇到风险或者需要资金的时候可以随时变现，因此也是农户重要的金融资本；物质资本在本书中选取房屋、耐用消费品和生产工具为代表；人力资本考察农户所拥有的劳动力资本的数量和质量，包括家庭成员年龄、家庭劳动力数量、教育程度、相关经历、谋生的技能、受到的培训等方面的内容；社会资本包括通信费用、求职网、借钱网、亲友中的干部和公职人员等。

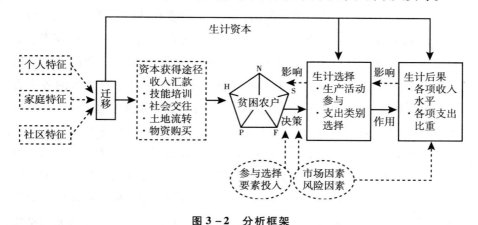

图 3 - 2　分析框架

注：（1）虚线框中的内容本书并不作深入研究，在此只为了补充说明迁移对生计策略的作用机理。
（2）N：自然资本；H：人力资本；S：社会资本；P：物质资本；F：金融资本。

　　劳动力迁移影响着农户生计资本的获得，而汇款促进了生计资本的积累。汇款直接增加了家庭收入与储蓄等金融资本，同时，汇款还在一定程度上克服了贫困家庭的信贷约束，增加了对物质、人力、社会及自然资本的投入：教育所代表的人力资本投资是汇款最优先的选择（Adger et al.，2002），汇款还用于家庭成员健康与医疗的投入（Deshingkar，2006）；汇款也被用来购买农用机具、建设住房等物质资本的投资（Adams，1998）；汇款用于典礼仪式和其他公共活动等消费，这种"地位主导性"的消费被视为一种社会资本投资，有时甚至占据了汇款的大部分（Chami et al.，

2005）；Adams（1998）在巴基斯坦的研究发现，汇款对于增加灌溉土地的面积有着显著影响。除了汇款，迁移本身还通过其他途径直接和间接地影响着生计资本。迁移者通过"干中学"的积累和溢出效应，提高了自身的人力资本（唐家龙，2008）。迁移者构建流入地的社会网络使后来者和下一代从中获得教育和工作机会以提高人力资本和金融资本（Kothari，2002）。回流无形中提高了社区的人力资本、金融资本、社会资本，并带来跨国和跨地区的网络（Adger et al.，2002；Zhao，2002）。外出使人们更加重视对教育的投资，促进家庭人力资本的形成和存量的增加（吴继煜，2006）。务工给自然资本带来的重要影响是投资农业生产，并为土地流转带来契机（曹利平，2009）。

"生计策略"是指人们对资产利用的配置和经营活动组合的选择，以便实现他们的生计目标。在西部贫困山区，考虑脆弱性环境及背景、家庭资源的有限性和不可及性，农户在谋划生产策略时还要考虑其他方面的因素，如消费支出、风险应对和未来发展等，这些都会影响其生产活动的选择。因此，农户的生计策略不再局限于生产方面，还应该涵盖农户生活的各个方面，特别是家庭收入的支出分配。此外，劳动力迁移使得家庭劳动力和资金要素发生双向流动，资金的流入带动了家庭支出（消费）水平的提高，汇款作为一种暂时性收入，比永久性收入用于投资的可能性更大。劳动力外出影响了劳动时间的投入，务工也对留守家庭劳动力供给带来了隐性影响，汇款的收入效应在新的生计活动选择过程中影响着留守家庭的劳动决策，农户要对用于生产活动和闲暇之间的劳动力进行再次权衡和分配，这些差别都将造成农户生计策略的不同。因此，为了全面考察西部贫困山区农户的"生计策略"，本书的生计策略从生产和支出两方面入手，考察农户基于不同生计选择（生产活动参与选择和支出类别选择）基础上的生计后果（各项生产活动中的收入和各项支出所占比重）。

第三节　新框架的验证思路

改进后的整体框架为本书分析劳动力迁移对农户生计的影响提供了总体的指导。该框架关注迁移对生计的影响，而生计涵盖了广泛的内容和领域，要对改进后的框架进行验证，既需要结合已有的研究结论和西部贫困山区农户生计的实际背景进行研究设定，也需要利用新迁移经济学和农户模型等理论和工具，对关键变量之间的关系进行识别和辨析，以得到更为具体的研究问题和研究思路。这种研究思路体现在较为细化的因果逻辑关系图中，能够为实证研究中的假设验证提供直接的依据。

一　迁移与生计资本

从迁移的后果看，多数学者将重心放在迁移对生计策略和生计后果的研究上，如迁移带来农业生产活动和家庭收入的变化（Taylor et al.，2003），而在可持续生计框架中作为影响生计策略和后果之关键环节的五大生计资本，在迁移的影响下如何变化尚无研究。

许多学者把汇款作为影响生计资本的主要途径（Drakakis-Smith，1996；Muchagata and Brown，2000）。关于汇款的争论之一便是其用于消费或生产性投资的选择问题（Adams Jr RH and Cuecuecha，2010；Adams et al.，2008a；2008b）。但无论是投入消费还是生产，汇款的使用都可以视为金融资本与其他生计资本进行再次交换的一个过程。汇款直接增加了家庭收入与储蓄等金融资本，汇款投入农林业生产以弥补人力资本的不足。根据 Adger（2002）等在墨西哥的调查，教育所代表的人力资本投资最优先，农村地区低龄少年呈现出较高的教育获得性、低文盲率、低辍学率，这都与当地的高汇款现象有很大程度上的相关性（Edwards and Ureta，2003）。Yang（2005）在菲律宾的调查还发现汇率的冲击明显增加了对教育的投入。可见，汇款克服了贫困家庭的信贷限制（Connell and Conway，2000），增加了对家庭物质、人力、社会及自然资本的投入，增强了生计资本的可及性（Acosta，2006），促进了生计资本的增加和积累（Rozelle et al.，1999；Adams，1998；Waddington，2003；Adams and Page，2005）。

迁移对农户生计资本的影响受到家庭迁移特征和迁移成员的人口特征影响（McCarthy et al.，2006）。结合对迁移家庭已有的一些研究，并考虑调查数据的可得性，可能对迁移家庭生计资本产生影响的迁移特征，除了汇款以外，还包括家庭外出人数和地域等。这些特征在涉及迁移和迁移家庭的相关实证研究中作为重要的因素而被考虑（Quisumbing and McNiven，2006；Taylor，2006）。

中国西部贫困地区的农户生计资本和迁移有以下特点：生计资本存量和

积累水平低,存在不同程度的脆弱性;生计资本仅限于自身温饱问题的解决,对生计资本的投资和运用都非常有限,且普遍受外部环境的制约,面向市场实现生计资本的社会融合与发展的程度严重不足(李小云,2005;李小建,2002;徐鹏等,2008);西部山区农户的迁移是基于当地社区自然条件、政策限制和资本约束下所做出的生存理性选择(杜鹰和白南生,1997;蔡昉和都阳,2000;黄平,1997),也是基于劳动力和资本置换以实现家庭劳动力市场化和社会融合的过程;中国背景下特殊家庭关系的存在,使得外出人口与留守家庭之间有着很强的联系(李强,2001;Deshingkar,2006)。

除了迁移,影响贫困农户生计资本的还有家庭和社区因素。迁移的决策单位是农户家庭而非个人(Stark and Lucas,1988;Taylor et al.,2003;Taylor,2006),影响迁移决策的家庭因素通常也影响着生计资本(Quisumbing and McNiven,2006)。家庭因素包括户主特征[①]、人口特征、地理特征。家庭人口特征是研究农户生计资本不可或缺的因素。户主通常是家中权利地位最高的人,他(她)影响着家庭的决策和财务支配,对迁移、生计资本以及迁移家庭的收入起着至关重要的作用(Taylor et al.,2003;Rivera,2005)。家庭的负担比[②]衡量的是家庭的抚养负担。负担比低的家庭人口生产性强,会有更多的产出转化为资本(Bloom,2003)。家庭的地理位置影响着农户迁移决策及资本的可及性(Quisumbing and McNiven,2006)。社区因素也是研究农户生计资本积累必须要考虑的因素(Moser and Dani,2008)。社区因素包括经济发展水平,以及对经济积聚有明显影响的地理临近性和基础设施(赵树凯,1998)。

可以看出,以往关于迁移因素对农户影响的研究较为分散,较少借鉴成熟的分析框架并作系统的比较研究。基于以上分析结论和本书的研究背景,针对改造后的分析框架中劳动力迁移与家庭生计资本,将重点提出以下关键的研究问题:在西部贫困山区,劳动力迁移对农户的五种生计资本产生何种影响?外出务工的结构和特征,包括外出的人数、汇款量和务工地点等又会怎样影响农户的生计资本?

---

① 这里的户主是指户籍上的一家之主。在农村地区,户主通常是家中权利地位最高者,本研究所在调查地的情况亦是如此。

② 家庭负担比=家庭消费人口数量/家庭劳动能力值;劳动能力值=半劳动力(赋值0.5,15~18岁正在读书的人)+劳动力(15~65岁的人口数)。

这些研究问题在改造后的分析框架中具有基础性的作用；同时，分析框架对不同生计资本进行了划分，在研究指标和路径上都非常明确，有利于对生计资本进行分析和比较。研究思路应当包含两类基本内容：一是针对不同资本的特征，明确是否外出务工，以及外出务工的结构特征对生计资本的影响；二是注重影响的非均衡性和关联性特征，关注迁移的直接作用途径和间接作用途径。

二　西部贫困山区迁移与农户生产策略

从前文关于迁移影响生计资本的文献总结中可以发现，迁移改变了农户的生计资本（李聪等，2010）。但作为生计策略的基础，生计资本的变化又将生计策略引向何处，这取决于外部环境和农户自身条件（董召荣和姜长云，1996），包括市场、风险、社区和家庭的特征。但这些因素对生计策略的影响也是通过生计资本的变化而产生的（Newton et al.，2007）。务工不仅影响农户生计资本的获得，还影响资本在生计策略决策中的使用。把农户生计放在动态的可持续生计框架中考察，务工为农户带来的资本积累只是其整个生计链条上的一环，而资本在其他生产活动中的重新配置才是生计策略的关键。

在 Wouterse 和 Taylor（2008）的基础上，本书引入家庭成员的务工类型，进一步阐释迁移对流出地家庭参与其他生计活动的影响，以及建立在不同生计选择基础上的收入影响。考虑具有不同偏好的农户效用函数

$$U = E_\mu(C, X1; ZU) \qquad (3-1)$$

C 代表消费，$X1$ 代表闲暇，ZU 代表影响农户效用的家庭特征。农户效用是家庭净收入的函数，在家庭收入的约束下使其效用最大化，函数形式如下：

$$C = y_c + y_{nc} + R_b(M_b) + R_w(M_w) \qquad (3-2)$$

农户消费受本地收入和务工汇款的约束。本地收入包括农业收入 y_c 和非农收入 y_{nc}，非农收入又包括来自经济作物（林作物）的收入 y_{fr}，家畜养殖收入 y_{lv} 和本地非农自营收入 y_{se}。R_b 和 R_w 是从本地务工和外地务工成员处所得到的汇款，是由家庭分配在这两项活动上的时间 M_b 和 M_w 所决定的函数。农（粮食）作物生产的收入函数为

$$y_c = p_c g_c(L_c;A) + \eta_c \qquad (3-3)$$

L_c 表示劳动力投入，A 为生计资本，p_c 是农（粮食）作物价格，$\eta_c \sim N(0,\sigma_c^2)$ 表示气候或者其他不确定性因素的冲击。

农户家庭的非农生产需要资本，其活动的参与须克服市场准入的限制，令拥有资金 $\overline{K}$ 为其主要条件

$$y_{nc} = [p_{nc} g_{nc}(L_{nc};A) + v_{nc}(L_{nc};A)\eta_{nc}]|\overline{K} \qquad (3-4)$$

p_{nc} 和 L_{nc} 分别为非农生产活动上的价格和劳动力投入。η_{nc} 是不确定性风险；$\eta_{nc} \sim N(0,\sigma_{nc}^2)$，$v_{nc}(L_{nc})$ 代表劳动力投入强度对于生产风险的作用。

假设从事农（粮食）作物生产的 $\overline{K} = 0$，从事其他非农生产时 $\overline{K} > 0$，作为家庭生计资本的函数，$\overline{K}$ 包括本地务工和外地务工的汇款。投资时，资金的获得是家庭财富的函数，其可得的最大财富 W_{max} 是生计资本的函数，包括迁移所得到的资本，以及其他资本

$$\overline{K} = g_W(M_w, M_b, Z_k) \qquad (3-5)$$

Z_k 为其他资本。劳动力市场存在时，工资为外生变量，雇用工人可以对外出造成的劳动力流失产生替代效应，劳动力不再成为其生计活动的限制。然而，劳动力市场缺失时，本地生计活动包括经济作物（林地）种植、家畜养殖、非农自营等，所需的劳动力就会受到家庭劳动力外出的影响。但是这种影响是有差别的。如果农户成员选择外地务工，在经济二元结构下，外地收入可能会高些，但是劳动力不能经常回到本地参加其他生计活动；而在本地务工，情况则相反，虽然务工收入可能偏低，但是可能有大量时间投入其他活动中。时间上的约束表示如下：

$$\sum_i L_{nc} \leqslant T - M_w - \rho M_b - X1 \qquad (3-6)$$

$0 \leqslant \rho \leqslant 1$ 表示农户成员如果选择本地务工，其仍然可以投入一部分时间到本地其他生产活动中。此时，虽然两类务工行为都能缓解现金约束，但农户必须权衡两种务工带来的边际收益。两类务工对本地活动的劳动时间供给和资本积累的影响为

$$L_{nc}'(M_b) = dL_{nc}/dM_b = \rho < L_{nc}'(M_w) = dL_{nc}/dM_w = 1 \qquad (3-7)$$

$$\overline{K}'_{M_b} = d\,\overline{K}/dM_b < \overline{K}'_{M_w} = d\,\overline{K}/dM_w \tag{3-8}$$

即在时间上，本地务工有利于兼顾其他非农活动；同时，外地务工收入较多，更有利于缓解其他非农活动的资本约束。

在实证分析中引入劳动力迁移对生计活动参与的影响，而忽略参与生计活动的内生性可能导致的相应收入回归的系数产生偏误。考虑到资本的有限性，如果农户选择参与某一生计活动时预期收益超过投入，农户会做出参与的决策，而资本约束和市场缺失同时存在时，农户参与林（经济）作物、养殖和自营的决策必须考虑市场准入限制。资本约束既会对参与某一具体生计活动产生限制，也会影响在这一活动上的投入。当且仅当满足以下条件时，农户才会分配边际单位的劳动力到非农生产活动中

$$E\Big[\, u_C \frac{dC}{dL_{nc}} \Big] \,|\, \overline{K} \geqslant E\Big[\, u_C \frac{dC}{dL_c} \Big] \tag{3-9}$$

给定农户参与某一生计活动，农户从农（粮食）作物生产和非农生产上所获得的收入表示为

$$y_c = \gamma_{0c} + \gamma_{1c}M_w^n + \gamma_{2c}M_b^n + \gamma_{3c}X^n + \varepsilon_c^n$$
$$y_{nc} = \gamma_{0nc} + \gamma_{1nc}M_w^n + \gamma_{2nc}M_b^n + \gamma_{3nc}X^n + \varepsilon_{nc}^n \tag{3-10}$$

式（3-10）中，γ_{1i} 和 γ_{2i} 分别代表当农户从事生产活动 i 时，增加外地务工和本地务工对收入的边际效应；X^n 表示影响收入的其他因素（包括农户的生计资本、家庭结构、社区特征）；γ_{3i} 是这些因素的边际效应向量；参数反映解释变量对生产、流动约束、风险潜在的复杂影响。在市场完善或农户模型可分的情况下，$\gamma_{1i} = \gamma_{2i} = 0$，但在新迁移经济学假设下，由于不完全市场对劳动力充分流动的限制，高交易成本和低效率阻碍了农户劳动力的交易，加上现金约束，其务工行为可能影响自身的本地生计活动，作用的方向则取决于多个变量间的关系。根据式（3-7）、式（3-8）和式（3-10），可得

$$y'_i(M_b, M_w) = y'_i\big[L'_{nc}(M_b), L'_{nc}(M_w); \overline{K}'_{M_b}, \overline{K}'_{M_w}\big] \tag{3-11}$$

总体而言，外出务工通过两种途径作用于本地活动：对本地劳动力供给的替代作用，以及资本积累的促进作用。这两种作用的合力还需结合特定的经济条件而定，如可选择的本地生计活动类型，对资本和劳动者数量及质量的要求等。在相对封闭的山区农村，许多生计活动都受到交通和信息等因素

的限制，经营活动也体现不出规模效应，所以对资金的要求相对较低，而对劳动力特别是高素质的家庭劳动力要求较高。由于当地的劳动力市场接近缺失，家庭经营时，不太可能雇用到合适的劳动力。

因此，在本书的研究框架中，关于外出务工与农户生计策略的关系，在两个层面上有如下关键的研究问题：第一层面，在西部贫困山区，农户参与不同类型的外出务工是否会对农户参与不同的生产活动产生影响？第二层面，在既定参与生产活动的情况下，不同类型的外出务工的人数又会对各类生产活动的收入水平产生怎样的影响？

正如理论模型所展示的，农户在不同生产领域的决策之间具有复杂的关系。这些决策的相互影响使得迁移的作用很难使用简单的验证思路进行检验，故而对两个层面问题的验证应当遵循以下两类基本的研究思路，并结合研究背景进行具体分析：一是在实证策略上体现外出务工的参与以及参与后的具体影响两个层次的问题；二是在实证分析中，要高度关注新迁移经济学理论所强调的农户家庭劳动力配置和资金约束等因素，并在结论中整体考虑这些变量对农户生产决策的影响方向。

三 西部贫困山区迁移与农户支出策略

劳动力迁移对农户支出策略的影响分析的理论框架是在 Taylor（2006）的基础上，结合西部贫困山区的特殊背景，将农户所面临的现金流动性约束引入其中，着重阐释汇款对农户支出的直接影响和间接影响。

支出模型假设家庭在预算线内分配各项支出来最大化其从消费与投资上获得的效用。在此基础上，农户将所有的收入集中分配，而忽略收入来源的作用，其支出函数如下：

$$e_{hi} = f(P_h, Y_h, Z_h) + u_{hi} \qquad (3-12)$$

h 代表农户；i 代表支出的范畴；e_{hi} 为第 h 个家庭在第 i 项的支出；P_h 为价格向量；Y_h 为农户的收入；Z_h 为其他影响农户边际效用和家庭行为的因素。这些因素包括家庭人口特征、农户的生计资本以及其他一些影响农户行为的社区层面的特征；u_{hi} 是误差项①。

① 假定误差项接近正态分布，即 $u_{hi} \sim (0, \sigma^2)$。

假设农户有 k 种不同的收入来源，家庭总收入表示为

$$Y_h = \sum_{k=1}^{k} y_{hk} \qquad (3-13)$$

1. 在信贷和金融市场完善的条件下，农户没有面临流动性约束。

作为总收入的一部分，现金收入，如汇款对农户支出倾向的影响与其他形式的收入类似。在此将式（3-12）和式（3-13）合并。因为家庭将所有的收入集中支配，各项收入来源上的收入对于支出的边际效应相等，因此

$$\frac{\partial e_{hi}}{\partial y_{hk'}} = \frac{\partial f(P_h, Y_h, Z_h)}{\partial Y_h} \frac{\partial Y_h}{\partial y_{hk'}} = \frac{\partial f(P_h, Y_h, Z_h)}{\partial Y_h} \qquad (3-14)$$

在务工户中，外出务工者给家庭的汇款使流出地家庭的预算约束外移。这意味着汇款的收入会提高家庭的需求。假定汇款通过总收入的变化而对支出产生间接的影响，这样一来，收入来源的作用即可被忽略。

2. 在信贷和金融市场不完善的条件下，农户面临流动性约束。

随着经济的发展，即使在西部贫困山区，农户的实物收入也得到了一定的提升。但金融信贷市场仍然处于极度落后甚至缺失的状态。绝大多数农户只能依靠个人关系发生借贷行为。另外，在贫困山区，其他基础条件如医疗卫生设施和教育设施也非常匮乏。现金收入对维持生存、应对风险和预防未来其他未知因素的冲击也有着重要意义。假设现金收入占总收入的比例为 S_R，存在一个门槛水平 S_R^*，如果 $S_R \leqslant S_R^*$，则农户不会在现期支出任何现金收入。为简单起见，设汇款额为唯一的现金收入 R_h，总收入水平给定，则 S_R^* 对应一个流动性现金约束值 R_h^*。如果汇款低于这个值，则农户不敢在现期使用现金进行消费。此时有

$$\frac{\partial f(P_h, Y_h, Z_h)}{\partial S_R} \bigg| S_R < S_R^* = 0 \qquad (3-15)$$

家庭支出的均衡条件如式（3-14），即在极度缺乏现金收入的条件下，如农户的汇款为 0 或汇款比例为 0 时，农户的总收入而不是汇款收入决定了农户的支出倾向。

然而，随着经济的发展，汇款已经成为西部山区农户现金收入的重要来源。不妨假设 $S_R > S_R^*$，汇款将缓解或者破除由于金融信贷市场不完善而形成的流动性约束。设汇款额为 $R_h > R_h^*$，即农户由于外出务工，至少解决了

家庭基本的生存问题，并为未来的不确定性提供了一定的保障。

此时，为了避免总收入和汇款收入的相关性，我们将汇款收入比例变量 S_R 引入式（3 - 12）中，则可以得到

$$e_{hi} = f(P_h, E_h, Z_h, S_R) + u_{hi}' \qquad (3-16)$$

其中，R_h 是总收入 Y_h 的一部分。此外，在多数需求函数中，总支出 E_h 被用来代替收入。汇款对于第 h 个家庭在第 i 个商品支出上的边际收入效应表示为

$$\frac{\partial e_{hi}}{\partial y_{hk'}} = \frac{\partial f(P_h, Y_h, Z_h)}{\partial Y_h(R_h)} + \frac{\partial f(P_h, Y_h, Z_h)}{\partial S_R} \mid S_R > S_R^* \qquad (3-17)$$

等式右边第一项代表汇款对支出的间接影响；第二项代表汇款作为一种现金收入对支出的直接影响。

以上分析表明，在市场不完善的西部贫困山区，汇款作为现金收入的重要组成部分，是解决农户流动性约束的关键因素。它不仅构成了总收入的组成部分，也直接影响了农户的支出。根据以上理论分析，本书重点提出以下研究问题和研究思路：汇款对支出的直接效应和间接效应是否存在？此外，直接效应和间接效应对不同类别支出的选择和比重分配又会产生怎样的作用？在贫困山区，迁移的这两类不同作用可能通过收入形式和收入水平体现出来；另外，通过这两种途径，外出务工的结构特征等也会对不同类型的支出产生影响。

四 细化的逻辑关系图

前文对迁移与生计资本、生产策略和支出策略等相关内容进行了梳理，利用新迁移经济学和农户模型理论对重要变量之间的关系进行了具体研究，提出了验证迁移对生计影响的基本研究问题，并针对问题明确了下一步实证研究的思路，包括基本的作用路径和影响机制。但一些基本的生计策略以及迁移对生计影响的路径和机制仍然要在具体的研究背景中进行定义和具体化，细化的逻辑关系（见图 3 - 3）则直接展示了迁移与农户生计链条上的三部分主要内容的具体关系。它将西部贫困山区农户的生计背景在研究设定中得到体现，并有针对性地提炼和总结了此背景中的生计策略、支出结构等内容，为实证分析提供了更为具体的思路和基础。

中国劳动力迁移背景、西部贫困山区农户所在社区的实际情况、农户自身的特征以及资本可及性的改变，共同构成农户生计策略的环境变量。西部山区自然资源丰富，但劳动力和信贷市场不完善，退耕还林等生态政策的实施和自然保护区的建立，造成了当地缺乏非农就业机会。农户主要生计活动集中在传统的依赖自然资源为基础的农（粮食）林（经济）作物生产，以及少量的家畜养殖和非农自营活动方面。家畜养殖和非农自营活动不同于农（粮食）作物生产，是典型的非农生计活动，需要一定的资本投入以克服进入门槛。而林（经济）作物种植虽然也依赖自然资源，但退耕还林政策限制和补助的双重作用赋予了林作物生产一定的经济属性。因此，本研究将养殖、自营和林（经济）作物种植归为非农生计活动，将农（粮食）作物生产作为主要的农业生计活动。

外出务工通过改变农户的生计资本进而影响了家庭在流出地的生计策略，同时务工带来的汇款、劳动力和网络变化也直接影响生计策略。首先，外出务工及汇款收入提高了农户人力资本和物质资本，实现了农业集约化和新技术的应用，生产能力的提高创造了更多的农业收入（Adger et al.，2002）；其次，牲畜和家禽被贫困农户视为重要的价值储存物，也是汇款的首选投向。但作为劳动力集约型活动，较多成员迁移使得农户缺少时间和劳动力去照看家畜（Adam，2001）。此外，非农自营具有高风险和高门槛，除了汇款直接用于投资小规模的自营活动外（Amuedo - Dorantes，2008；Woodruff and Zenteno，2007），成员的外出经历和相关非农经验也有助于获得家庭以外的资源，进而提高从事自营的可能性（谭深，2004）；同时，迁移过程中建立的信息网和联系网能帮助农户识别潜在的机会和困难（Kothari，2002）。

劳动力迁移所带来的农户生计资本可及性的变化有利于流出地家庭突破当地生计活动的准入约束和要素投入限制。在市场和风险因素的作用下，形成迁移后的农户生计策略：选择参与非农生计活动和获得相应收入。两个方面的选择集合相互关联，综合反映了劳动力外流以后的农户生计策略全貌。

该框架是基于理论分析基础上变量间的逻辑关系和影响机制的直观表现。根据逻辑关系图与迁移相关的特征变量可以通过劳动力配置和资金约束等多种途径作用于农户的生计资本、生产策略和支出结构，特别是对于后两者，这种作用机制更为复杂，并可以区分为直接关系和间接关系。以迁移对

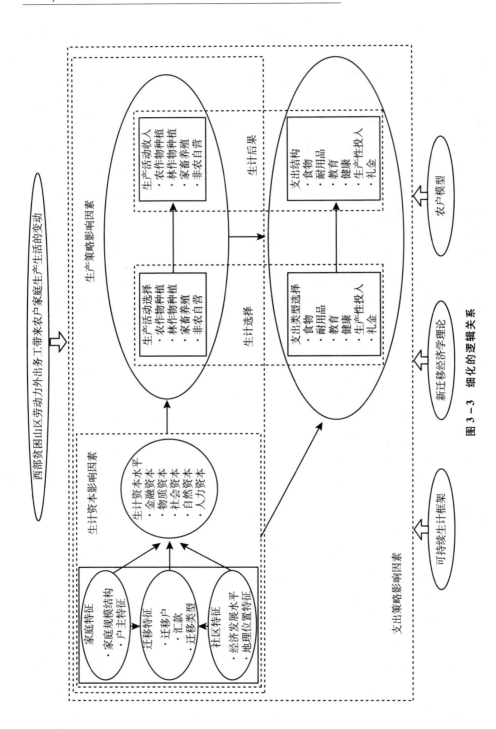

图 3-3 细化的逻辑关系

生产策略的选择为例，最终的影响方向往往取决于不同中间过程和作用权衡，而不是单一的正负影响。故而在实证分析中，各变量最终的影响大小和作用方向，还需要结合具体的背景，针对本书所提出的研究问题进行具体的分析。本书后续章节将在此框架的指导下，对外出务工影响农户生计进行实证分析。

　　本章在第二章文献综述的基础上，结合可持续生计框架的思想和新迁移经济学相关理论和假设，将劳动力迁移的视角引入可持续生计框架，最终形成了用来研究劳动力迁移对农户生计影响的整体分析框架。之后在改进后的总体框架下，结合西部贫困山区的实际情况，基于对迁移和生计资本、生产策略与支出策略相关研究梳理以及数理模型分析的基础上，将农户生计所涵盖的生计资本、生产策略和支出策略三部分主要内容进行定义和具体化，并形成一个细化的逻辑关系图以直观地表现本研究中各主要变量之间的因果关系，突出迁移对农户生计的影响路径，直接为实证分析提供思路和基础。

第四章 劳动力迁移对农户
生计资本的影响

通过文献梳理和理论分析，前文提出了用来研究劳动力迁移对农户生计影响的整体分析框架。尽管从理论框架和分析模型可以比较清晰地理解劳动力迁移对农户生计影响的逻辑关系，但要厘清迁移对农户生计各个部分的影响路径和机制，还需要定量研究。本章首先基于总体分析框架的思路，从迁移特征、家庭因素和社区因素三个方面提出了劳动力迁移背景下农户生计资本的影响因素分析框架；其次介绍分析方法和指标的构建；再次通过描述性统计对比分析了生计资本和影响因素的现状；最后回归分析并讨论了迁移和迁移特征对生计资本的影响。

第一节 分析框架

在总框架的基础上，本章进一步对迁移影响生计资本的路径和机制进行充实。根据对文献的梳理，结合西部山区的实际情况和考察数据的可得性因素，将劳动力外流背景下农户生计资本的影响因素总结为三个方面：社区因素、家庭因素和迁移特征。根据对以往相关研究的总结，结合社区因素、家庭因素和迁移特征，本章提出了劳动力外流背景下农户生计资本影响因素的分析框架来指导实证分析（见图4-1）。

此框架是基于整体框架中关于劳动力迁移对农户生计资本影响的进一步细化。此框架不仅包含了影响农户生计资本的因素和迁移特征，而且表明了

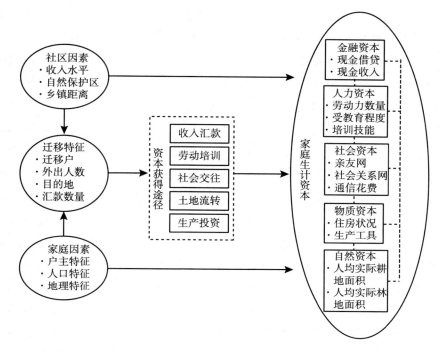

图 4 - 1 劳动力外流背景下农户生计资本的影响因素分析框架

迁移特征影响农户生计资本水平的获得途径。

迁移对农户生计资本的影响受到家庭迁移特征和迁移成员的人口特征影响（McCarthy et al.，2006）。结合已有涉及迁移家庭的研究，并考虑调查数据的可得性，影响生计资本的迁移特征，除了汇款以外，还包括迁移人数和地域等。这些特征在涉及迁移的相关实证研究中被作为重要的因素考察（Taylor et al.，2003；Quisumbing，2006）。

一 迁移特征

在本书的研究框架中，劳动力迁移是研究农户生计的背景，同时也是新框架生计链条的起始点和这一链条反应的"主推手"，本章将对迁移特征进行详细的讨论，以期通过对迁移特征的全面分析进而细分农户类型，并从多个角度考量迁移对资本的影响，同时也为后续生计策略的分析提供思路。迁移特征主要从四个方面考虑：迁移户（家中是否有成员外出务工）、外出务工的人数、目的地和汇款数量。

本书以迁移为主变量，以户为研究对象，首先要将迁移家庭从样本中甄别出来，并通过差异分析来对比两类家庭的不同。然后在此基础上，深入分析迁移的影响，对迁移的不同特征进行全面的分析和考察。考虑到中国劳动力迁移的特殊性，在这种"半程转移"的模式下，农户可能选择一种"进可攻退可守"的"万全"之策，在综合权衡后采取一种可以"兼顾"的方式，即近距离迁移，以保证挣钱和农业两不误。而也有部分农户在权衡之后选择远距离的迁移，但这种远距离迁移通常取决于目的地是否有社会关系以降低找工作和克服心理不适应的成本。如果在目的地有相较于家乡更好的工作机会可以获得高收入，那么从"成本—收益"的角度来考量，远距离迁移的可能性更大。因为通常这种背井离乡需要更高的经济补偿才能满足。这种迁移方式不但给外出者本人带来巨大的影响，也通常给流出地的家庭成员带来强烈的冲击。一方面，流出地家庭的生产发生劳动力"刚性"缺失，这种缺失能否换来更多的经济补偿是关键；另一方面，即使得到更多的经济补偿，在当地的环境下是否能够实现对劳动力缺失的弥补也是值得考虑的。但无论产生怎样的结果，这种由距离所代表的迁移类型对农户生计产生的影响值得关注。可见，家庭成员参与迁移可能会对农户金融资本、人力资本、物质资本和社会资本的提升发挥积极作用。至于自然资本是否受到迁移的影响更多的是由农户所在地实际情况所决定的。

涉及迁移对生计资本的影响研究，多数学者把汇款作为一个主要途径（Drakakis–Smith，1996；Muchagata and Brown，2000）。同时，汇款又是迁移最主要的特征和影响因素，直接带来了金融资本的提高。由于汇款是一种暂时性收入，比永久性收入的投资倾向更大（Adams，1998）。在市场完善的情况下，汇款用来投入农林业生产以弥补资金和劳动力不足。教育所代表的人力资本投资最优先（Adger et al.，2002），根据在墨西哥的调查，农村地区低龄少年呈现出较高的教育获得性、低文盲率和辍学率，这都与当地的高汇款现象有很大程度上的相关性（Acosta，2006；Edwards，2003；Hanson and Woodruff，2003；Lopez–Cordova，2005）。不仅如此，汇款还用于家庭成员的健康投入，进而提高家庭整体的人力资本（Amuedo–Dorantes et al.，2008；Deshingkar，2006）。同时也能创造投资于以土地为代表的自然资本的机会（Brown，1994）。汇款还被用于购买农用生产机械工具（Adams et al.，

1996）、建设家庭居住的房屋等物质资本的投资（Duryea et al.，2005；李强等，2008）；汇款用于典礼仪式和其他公共活动的消费是很重要的社会资本投资，如婚姻消费等礼尚往来（Mahmood，1994）。因此，汇款克服了贫困家庭的信贷限制（Connell and Conway，2000），增加对家庭物质、人力、社会及自然资本的投入，增强生计资本的可及性（Acosta，2006），促进生计资本的积累（Rozelle et al.，1999；Adams，1998；Waddington，2003；Adams and Page，2005）。从资源交换的角度来看，汇款在家庭的投资和使用可以看作农户将所获得的金融资本与其他生计资本进行再次交换的一个过程，进而改变和提升家庭生计资本的拥有量以确保生计的安全性和可持续性。可见，汇款对于家庭的金融资本、人力资本、物质资本、社会资本和自然资本的积累有着积极的促进作用。但除了对金融资本的直接影响外，其他几类资本受到的影响更多的是通过支出购买等行为方式间接地发生。

除了汇款，迁移者的数量是衡量农户迁移的另一重要特征，外出务工的人数直接和间接影响着生计资本。外出务工的劳动力数量直接决定着参与到其他生计活动当中的可用劳动力数量。迁移的过程是隐性人力资本转化为显性人力资本而实现了收益增加的过程（唐家龙，2008）。迁移者通过"干中学"的积累和溢出效应，提高了自身的人力资本（Deshingkar，2006）。外出者的数量直接影响着迁移后的家庭人力资本的提升。迁移者构建流入地的社会网络，获得了社会资本，并使后来者和下一代从中获得教育和工作的机会以提高整个家庭的人力资本和金融资本（Kothari，2002）。从这个角度来看，外出者数量可能是流入地社会网络化的结果，而与此同时，外出人数的增加也有可能扩大流入地的社会网络。因此，外出人数直接影响着家庭人力资本、社会资本和金融资本的积累，而对物质资本和自然资本的积累可能更多地视当地实际情况而定。

二　家庭因素

除了迁移，影响农户生计资本的还有家庭因素和社区因素。迁移的决策单位是家庭而非个人（Stark and Bloom，1985；Rozelle et al.，1999），影响迁移决策的家庭因素通常也影响着农户生计资本（Quisumbing and McNiven，

2006），这些家庭因素包括户主特征、人口特征、地理特征。家庭人口特征是研究农户生计资本不可或缺的因素。户主通常是家中权利地位最高者，他（她）影响着家庭的决策和财务支配，对家庭的迁移和生计资本以及收入起着至关重要的作用（Taylor et al.，2003；Rivera，2005）。家庭负担比衡量家庭的抚养负担，负担比低的家庭人口生产性强，会有更多的产出转化为生计资本（Bloom，2003）。家庭的地理位置影响着农户迁移决策以及资本的可及性（Quisumbing and McNiven，2006）。

三　社区因素

社区因素也是研究农户生计资本积累必须要考虑的，Moser（2008）在其研究城市减贫策略的资本脆弱性分析框架中提到了社区层面的特征对农户生计资本的影响。这些因素包括社区的经济发展水平、对经济积聚有明显影响的地理临近性以及基础设施（李小建等，2008）。当地的社区政策也在很大程度上限制着农户的生计活动（李小建，2002）。

第二节　方法与变量

一　方法

本书利用周至县农户调查数据，将涉及农户生计资本的信息分别合成金融资本、自然资本、社会资本、物质资本和人力资本五个指标。但在量纲化之后，因变量为值域 0～1 的连续变量，使用 OLS 回归模型进行分析，会导致参数估计后的因变量预测超过其值域从而造成偏差，而选择一般线性模型（Generalized Linear Model，GLM）即可解决这一问题。因此，本书同时采用两种方法来分析，但从回归的结果来看，两者的显著性与影响方向基本无差异。GLM 的回归结果不易解释，OLS 更易于解释和说明影响的程度，因此，本书同时报告 OLS 和 GLM 的回归结果，但以 OLS 的回归结果进行分析和解释。本书构建的迁移影响农户生计资本的回归方程如下：

$$Y_i = \beta_0 + \beta_1 X_1 + \beta_2 X_2 + \cdots + \beta_{14} X_{14} \tag{4-1}$$

其中，Y_i 表示农户的生计资本，$i=1$，2，3，4，5 分别代表金融资本、人力资本、社会资本、物质资本和自然资本；$X_1, X_2, \cdots, X_{14}$ 表示模型中所涉及的迁移因素、家庭因素和社区因素等变量；$\beta_1, \beta_2, \cdots, \beta_{14}$ 为与各变量相对应的模型的回归系数。X_1 为"迁移户"的分类变量，表示家中有人外出务工；X_2、X_3、X_4 为迁移特征的变量，分别表示"家中外出人数""年汇款总量"和"在省外务工"；X_5、X_6、X_7、X_8 为家庭因素中户主特征的变量，分别表示"户主的年龄"、户主受教育程度为"初中""高中"以及户主"外出经历"等变量；X_9、X_{10} 为家庭的人口特征变量，分别表示"家庭规模"和"家庭的负担比"两个变量；X_{11} 表示家庭的地理特征，家庭居住地是否"临近公路"；此外，X_{12}、X_{13}、X_{14} 分别表示农户所在社区因素中的"在保护区内""社区人均收入"和"到镇上的距离"变量。

本书首先在全样本中验证迁移对农户生计资本影响的存在性，在此基础上，选取家中有成员迁移的农户做样本，并进一步分析迁移的不同特征对于生计资本的影响。具体的分析策略如下：首先，通过描述性统计对比分析迁移户与非迁移户的生计资本差别；其次，将所有样本纳入生计资本影响因素分析模型中，做迁移对生计资本的粗影响分析；在此基础上加入家庭和社区因素作为控制变量做净影响分析，用来判定迁移对生计资本影响的存在性；最后，为了进一步分析不同迁移特征对生计资本的影响，在模型中加入迁移特征指标，考虑到迁移特征的影响只有在迁移户中才能得到体现，无成员迁移的家庭不受迁移特征的影响，因此，在模型中剔除非迁移户样本，将迁移户做样本以减少样本差异带来的统计偏误。在此基础上构建迁移特征对生计资本的影响分析模型，分析不同迁移特征对五种生计资本的影响。

二　指标构建

（1）因变量

问卷中涉及包括自然、金融、物质、人力和社会五种生计资本。调查中，每个调查对象均被问及家庭所拥有的房屋、耐用消费品、大型生产工具等相关信息来测度农户的物质资本；家庭的耕地、坡地、林地（包括退耕地）等相关信息来测度农户的自然资本；家庭的借贷状况、存款状况和养殖储备等相关信息来测度家庭的金融资本；农户参与社会组织的情况、家庭及亲戚中干部人数和遇紧急需求时可以求助的户数以及通信费用等方面的信息来测度家庭的社会资本；农户的劳动力数量、受教育程度、培训情况等相关信息来测度家庭的人力资本。

本书在判定迁移对生计资本影响的存在性和不同迁移特征对生计资本的影响时，回归模型所用因变量相同，均选取农户五种生计资本的量化指标。五大资本的概念和定义来自可持续生计框架，该框架在扶贫政策领域得到大力推广，但定性的分析居多（李小云和杨帆，2005）。近年来，随着国内外学者的努力，在定性分析的基础上，农户生计资本量化指标体系及测算办法的建立，人们可以用定量的方法剖析农户的各类资本和总体资本的水平（Sharp，2003；李小云等，2007；杨云彦和赵锋，2009）。本书在借鉴和参考前人研究的基础上，结合调查地的实际情况，在对各指标重要性做定性判断的基础上，将贫困农户的各类型生计资本所包含的内容进行萃取，分别合成五个指标，体现五种资本的数量和质量，并通过这样一种定量方法，试图将迁移对农户生计资本的影响给出总体性判断。具体的指标选取和计算公式如表 4-1 所示。

由于调查所取得的数据具有不同的量纲、数量级和变化幅度，本书采用极差标准化的办法进行处理[①]。这样所有测量指标标准化后的值都介于 0 和 1 之间，越接近 1 说明这一类型的资本水平越高，越接近 0 说明资本水平越低。本书对生计资本和生计资本的概念未作严格区分，按照其形态和习惯赋予资本或者资本的称谓。另外，也无法对部分生计资本的技术差别进行细分和差异比较，比如对于一些农用机械生产工具，无论它使用了 1 年还是 5 年，均假定其在功效上无显著的差异。由于某些样本的缺失和奇异值的出现，经过处理，最终进入两类模型的样本是 1067 户和 612 户，分别分析了迁移是否对农户生计资本有影响和家庭迁移特征对农户生计资本的影响。

本节对表格中所描述的个别指标进行一些说明。指标公式参考了 Sharp、李小云和杨云彦等学者对生计资本指标设定的比例，并对调查数

---

① 极差标准化计算公式：$Z_{ij} = (X_{ij} - MinX_{ij}) / (MaxX_{ij} - MinX_{ij})$，本书以家庭为单位，按照所属生计资本的类别进行划分。

表 4 － 1　生计资本指标选取与计算

资本类型	测量指标	指标符号	指标公式
人力资本	家庭整体劳动能力	H_1	$H_1 \times 0.4 + H_2 \times 0.2 + H_3 \times 0.2 + H_4 \times 0.2$
	男性成年劳动力	H_2	
	成年劳动力受教育程度	H_3	
	培训和技能	H_4	
自然资本	人均实际耕种土地面积	N_1	$N_1 \times 0.5 + N_2 \times 0.5$
	人均实际耕种林地面积	N_2	
物质资本	住房情况	P_1	$P_1 \times 0.6 + P_2 \times 0.4$
	生产工具、交通工具、耐用品	P_2	
金融资本	获得现金信贷的机会	F_1	$F_1 \times 0.33 + F_2 \times 0.66$
	家庭现金收入	F_2	
社会资本	农户的亲朋网络支持	S_1	$S_1 \times 0.33 + S_2 \times 0.33 + S_3 \times 0.33$
	农户的社会关系网络支持	S_2	
	农户家庭的月通信花费	S_3	

据进行反复比较。各指标之间权重的设定主要是依据调查地的实际情况及本课题研究者在实地调研和访谈过程中对各组成部分相对重要性的定性判断。

在人力资本的计算中，选取指标为：家庭整体劳动能力，家庭中是否有至少一个成年男性劳动力，家庭成年劳动力的受教育程度，是否受过培训；成年劳动力是指 18～65 岁的劳动人口。我国老年人口有从事劳动的传统习惯，即使年龄在 60 岁以上仍会参与劳动。老龄人的贡献也不可忽视，如做饭、做家务、照看小孩等方面（张绍合和贺建林，2007）。本研究的对象是偏远山区的农户，很多老人 60 岁以后还在劳动。因此在我们的研究中，我们把成年劳动力的范围调整到 65 岁。

在自然资本的计算中，本书将林地面积和耕地面积都计入自然资本。结合调查地区的实际情况，自然资本测量的指标主要使用家庭人均耕地面积和林地面积，我们的研究中耕地和林地的权重赋值各占一半，即 0.5。

物质资本测量用家庭住房指标和家庭固定资产指标；住房指标是住房类型和住房面积的综合指标，而生产工具、交通工具以及耐用品等家庭固定资产指标的赋值，是调查农户所拥有资产的选项数占所有选项的比例。

金融资本测量用到的是信贷机会和现金收入；信贷机会指标使用了是否使用银行或信用社贷款、是否借高利贷、是否从亲戚朋友得到借款三个指标进行加总，三者之间的权衡主要依据调查地的实际情况及本课题研究者对各组成部分相对重要的定性判断。在我们研究的地区，农户更倾向于跟亲戚朋友借款，所以赋予它较大比重。

社会资本的设定在参照相关文献的基础上，结合调查地的实际情况，选取的三个指标分别为农户的亲朋网络支持——农户在需要大笔开支或寻找非农工作时可以从亲戚朋友处获得的支持；农户的社会关系网络支持——成员曾经有过非农经历、家中是否有村干部、亲戚中是否有干部或公职人员；农户家庭的月通信花费（孔祥智等，2008）。

（2）自变量

本研究以文献综述中所总结的三类影响因素为参考，同时考虑了本次调查中数据的可靠性，最终将自变量归为三类因素。表4-2给出了本书对自变量的定义和操作方法。

家庭迁移特征包括家庭中是否有成员外出务工、外出人数、年平均汇款量、平均年龄、是否省外务工。根据对农户家庭成员迁移信息的调查，将总体1074户分为迁移户（615户）和非迁移户（459户）；先将是否迁移纳入家庭生计资本的影响因素模型中。在此基础上，选取615户迁移户为样本，进一步分析不同迁移特征对生计资本的影响。外出人数、年平均汇款量的对数、外出者平均年龄的对数均为连续变量；是否省外务工为二分类变量，纳入第二类模型分析家庭迁移特征对农户生计资本的不同影响。

家庭因素中包括户主特征、人口特征和地理特征。户主特征包括年龄、教育程度和外出经历。教育程度和外出经历均用分类变量纳入模型，参照类分别为小学及以下和无务工经历；年龄为连续变量，直接纳入模型；家庭人口特征选取家庭负担比，其为连续变量；家庭地理特征选取房屋位置是否临近公路这一分类变量。在一定程度上，家庭因素所包含的变量可以反映农户对生计资本的可及性和可获得性。

表 4 - 2　自变量设置

自变量	变量设置
迁移因素	
迁移户	虚拟变量(家中有成员在本地或外地从事非农务工并累计超过 3 个月以上的取 1,否则取 0)
迁移特征	
外出人数	连续变量,农户有外出务工经历的家庭成员数
汇款总量	连续变量,务工成员上年一年给流出地家庭的年平均汇款(千元/年)
省外务工	虚拟变量(家中有成员在外省务工的取 1,否则取 0)
家庭因素	
户主特征	
年龄	连续变量,户主目前的年龄
教育程度	
小学及以下	参照组(户主受教育程度为小学及以下的)
初中	虚拟变量(户主受教育程度为初中的取 1,否则取 0)
高中及以上	虚拟变量[户主受教育程度为高中(含中专、技校)、大专及以上的取 1,否则取 0]
外出经历	虚拟变量(户主曾经外出务工的取 1,否则取 0)
人口特征	
家庭规模	连续变量,家庭中的人口数
负担比	连续变量,家庭中消费人口数量与家庭劳动能力值的比值
地理特征	
临近公路	虚拟变量(房屋靠近公路的取 1,否则取 0)
社区因素	
保护区内	虚拟变量(农户所在村庄在自然保护区以内取 1,否则取 0)
人均收入	连续变量,农户所在村的人均年收入(千元/年)
到镇上的距离	连续变量,农户所在村到镇上的距离(公里)

社区因素包括所在村庄是否在保护区内、社区富裕程度、到乡镇的距离。在保护区内和保护区外直接关系到农户对自然资本的使用和生计策略选择是否受到限制,对农户生计资本的存量有着重要的影响。在此,以农户所在社区是否在保护区内为基准,分为保护区内和保护区外两类;社区的富裕程度用村庄人均年收入来代表,人均年收入在一定程度上反映当地的经济发展水平;到镇上的距离代表着该农户所在村庄距离商店、农产品加工店等生活设施的便利程度,这些地方也是农户出售农林产品的场所,某种程度上充当着集市的作用,对农户获得和转换生计资本有着重要的影响。人均年收入和距离乡镇的距离为连续变量,直接纳入模型回归。

第三节　描述性统计

一　生计资本现状

表4-3提供了两类农户生计资本的比较情况。

表4-3　迁移与非迁移农户生计资本比较

生计资本	总体		迁移		非迁移		t检验
	均值	标准差	均值	标准差	均值	标准差	
金融资本	0.14	0.10	0.15	0.10	0.13	0.11	***
人力资本	0.42	0.11	0.45	0.10	0.39	0.11	***
物质资本	0.18	0.12	0.18	0.13	0.18	0.12	ns
社会资本	0.06	0.07	0.07	0.07	0.05	0.06	***
自然资本	0.09	0.07	0.08	0.06	0.10	0.08	***
样 本 数	1074		615		459		

注：（1）t检验用于检验均值；

（2）*** ，$p < 0.01$；ns，$p \geq 0.1$。

从总体样本的均值可以将五大资本划分为三个层次：农户人力资本均值在五大资本中最高（0.42），物质资本（0.18）和金融资本（0.14）排在其次，自然资本（0.09）和社会资本（0.06）水平最低。迁移和非迁移农户的对比发现：迁移家庭和非迁移家庭在金融、人力、社会资本和自然资本上差异颇为显著，但物质资本的差异并不显著。迁移家庭的金融资本（0.15）、人力资本（0.45）和社会资本（0.07）都显著高于非迁移家庭的金融资本（0.13）、人力资本（0.39）和社会资本（0.05），但迁移家庭的自然资本（0.08）显著低于非迁移家庭（0.10）。此外，两类家庭的物质资本没有显著差异。

因此，两类家庭的生计资本有比较明显的差异，而这种差异是不是农户家庭成员参与外出务工行为所导致的后果，还需要进一步的回归分析加以验证。

二　自变量的描述性统计

表4-4给出了模型中自变量的描述性统计信息。就家庭迁移因素来看，

有57%的家庭有成员外出务工，而在外出务工的家庭中，平均外出为1.34
人，平均年汇款总量为3000元，有成员在省外务工的家庭占总样本的
26%，占迁移家庭的45%。

从户主特征来看，户主年龄平均为45.6岁，两类农户的户主年龄没有
显著差异；29%的人为初中文化程度，大部分户主的受教育程度低于初中文
化程度，且从家庭分类比较来看并无显著差异；此外，在总体样本中，有接
近30%的户主有过外出经历，在迁移的农户中，这一比例高达51%。

表4-4　自变量的描述性统计信息

自变量	总体		迁移家庭		非迁移家庭		LR/t 检验
	均值	标准差	均值	标准差	均值	标准差	
迁移因素							
迁移户	0.57	0.49	/	/	/	/	/
迁移特征							
外出人数	0.77	0.80	1.34	0.59	/	/	
年汇款总量	1.74	3.80	3.04	4.61	/	/	
省外务工	0.26	0.44	0.45	0.50	/	/	
家庭因素							
户主特征							
年龄	45.63	11.73	45.69	11.23	45.55	12.38	ns
教育							
初中	0.29	0.45	0.29	0.46	0.29	0.45	ns
高中及以上	0.06	0.24	0.07	0.25	0.05	0.22	ns
外出经历	0.29	0.45	0.51	0.50	/	/	/
人口特征							
家庭规模	3.99	1.37	4.15	1.32	3.77	1.39	***
家庭负担比	1.34	0.44	1.30	0.38	1.40	0.50	***
地理特征							
临近公路	0.17	0.38	0.19	0.39	0.16	0.36	*
社区因素							
保护区内	0.72	0.45	0.74	0.44	0.68	0.47	**
人均年收入	1.03	0.41	1.05	0.42	1.01	0.40	*
到镇上的距离	18.27	15.17	18.25	15.09	18.31	15.30	ns
样本数	1074		615		459		

注：（1）t检验用于检验均值，LR（likelihood-Ratio）检验用于检验分布；
（2）***，$p < 0.01$；**，$p < 0.05$；*，$p < 0.1$；ns，$p \geqslant 0.1$。

从家庭人口特征来看，当地农户的平均人口规模为4口，同时，两类农户的家庭规模有显著差异，迁移家庭的人口规模要显著高于非迁移的农户；此外，两类家庭的负担比也有显著不同，可以看出，迁移家庭的负担比显著低于非迁移家庭。

从家庭地理特征来看，大部分农户的房屋都距公路较远，只有17%的农户居住的房屋临近公路。但从两类家庭的比较来看，迁移户的房屋靠近公路的比例显著高于非迁移户。

在社区因素中，总样本中72%的家庭在保护区之内，且迁移家庭在保护区内的比例显著高于非迁移家庭；同时，社区人均年收入基本集中在1000元，迁移家庭所在的社区人均年收入显著高于非迁移家庭；但两类农户所在村庄到乡镇的距离并无显著差异。

第四节 迁移对生计资本的影响

一 迁移对生计资本的影响分析

表4-5和表4-7分别为迁移对生计资本影响的OLS模型回归结果，表4-6和表4-8分别为迁移对农户生计影响的GLM模型回归结果。从两种模型回归结果的对比可以看出，显著性和影响方向无差异，基本反映了迁移对生计资本的影响方向和程度，但OLS的回归结果更易于解释，因此，本节对迁移影响生计资本的分析主要采用OLS模型结果。

表4-5提供了迁移对农户生计资本的粗影响（模型1、3、5、7和模型9）回归结果和净影响（模型2、4、6、8和模型10）回归结果。净影响分析在粗影响分析的基础上加入家庭因素（户主外出经历除外）和社区因素作为控制变量，由于家庭人力资本的取值包含户主的受教育程度，因此未将户主受教育程度纳入模型5的回归。

粗影响回归结果显示，迁移对农户的金融资本、人力资本和社会资本有着显著的正向影响，而对自然资本有着比较显著的负向影响，迁移对于物质资本无显著影响。

净影响回归结果显示，控制变量的加入并未改变迁移对五种生计资本的影响程度和作用方向。金融资本、人力资本、社会资本和自然资本受迁移

表 4-5　迁移对生计资本的影响回归结果（OLS）

自变量	金融资本		人力资本		社会资本		物质资本		自然资本	
	模型 1	模型 2	模型 3	模型 4	模型 5	模型 6	模型 7	模型 8	模型 9	模型 10
迁移因素										
迁移户	0.11***	0.07**	0.28***	0.12***	0.13***	0.07**	0.02	-0.03	-0.15***	-0.11***
家庭因素										
户主特征										
年龄（ln）		0.01		0.07***		0.07**		0.05		0.13***
教育（小学及以下）										
初中		0.01		/		0.17***		0.07**		-0.02
高中及以上		0.06*		/		0.19***		0.10***		-0.03
外出经历		/		/		/		/		/
人口特征										
家庭规模		0.20***		0.74***		0.19***		0.23***		-0.27***
负担比		-0.10***		-0.44***		-0.09***		-0.07**		-0.03
地理特征										
临近公路		0.07**		0.00		0.04		0.15***		-0.08**
社区特征										
到镇上的距离		0.02		0.05***		0.12***		-0.00		0.08**
保护区内		0.03		-0.03		0.11***		0.08***		0.01
人均年收入		-0.13***		0.11***		0.08**		0.23***		-0.10***
R^2	0.011***	0.078***	0.078***	0.687***	0.016***	0.141***	0.001	0.186***	0.024***	0.144***
样本数	1067	1067	1067	1067	1067	1067	1074	1067	1067	1067

注：表中系数为标准化系数；***，$p<0.01$；**，$p<0.05$；*，$p<0.1$。

表 4 – 6　迁移对生计资本的影响回归结果（GLM）

自变量	金融资本		人力资本		社会资本		物质资本		自然资本	
	模型 1	模型 2	模型 3	模型 4	模型 5	模型 6	模型 7	模型 8	模型 9	模型 10
迁移因素										
迁移户	0.18***	0.12**	0.26***	0.12***	0.31***	0.17**	0.10**	-0.00	-0.26***	-0.19***
家庭因素										
户主特征										
年龄（ln）		0.00		0.00***		0.01**		-0.00		0.01***
教育（小学及以下）										
初中		0.01		/		0.44***		0.15**		-0.04
高中及以上		0.19*		/		0.81***		0.32***		-0.10
外出经历		/		/		/		/		/
人口特征										
家庭规模		0.13***		0.26***		0.17***		0.12***		-0.17***
负担比		-0.20***		-0.53***		-0.30***		-0.12**		-0.07
地理特征										
临近公路		0.16**		0.01		0.12		1.03***		-0.22**
社区因素										
到镇上的距离		0.00		0.00***		0.01***		-0.00		0.00**
保护区内		0.05		-0.03		0.34***		0.13***		0.03
人均年收入		-0.00***		0.00***		0.00**		0.00***		-0.00***
样本数	1067	1067	1067	1067	1067	1067	1074	1067	1067	1067

注：***，$p<0.01$；**，$p<0.05$；*，$p<0.1$。

影响依然显著，但系数都明显变小；另外，参与外出务工对物质资本的影响依然不显著。控制变量加入后的结果无变化，这更进一步验证了参与外出务工对农户生计资本影响的存在性。

因此，从粗影响回归模型和净影响回归模型中可以看出，农户家庭中有成员参与外出务工对家庭的金融资本、人力资本、社会资本和自然资本的影响是存在的，且比较显著，这与描述性统计的推测相一致。

在金融资本的回归模型中可以看出，户主有高中以上的文化水平对金融资本有显著的正向影响；在家庭人口特征中，家庭的规模和负担比分别对农户金融资本有显著的正向影响和负向影响，家庭人口越多、负担比越小，则农户金融资本的水平越高；此外，临近公路也对金融资本有着显著的正向作用，可见，家庭是否靠近公路也是农户获得金融资本的重要影响因素。

在人力资本的回归模型中，户主的年龄取对数后对家庭的人力资本有显著的正向影响；家庭规模和负担比分别对农户人力资本有着显著的正向影响和负向影响；在社区因素中，村庄的人均年收入对农户的人力资本有显著正向影响，可见其家庭所在村庄的富裕程度也是影响农户人力资本水平的重要因素。

在社会资本的回归模型中，户主的年龄取对数对家庭的社会资本有显著的正向影响，可见社会资本的积累随着年龄的增加会有所提高；同时，相对于小学及以下文化程度的户主家庭来讲，具有初中、高中及以上文化程度对农户家庭获得较高的社会资本有着显著的积极影响；家庭的人口越多，越有利于家庭社会资本的积累，同时负担比越小，家庭的社会资本水平也越高；在社区因素项中，社区的人均年收入水平越高，农户的社会资本水平也越高，可见外部的经济环境对家庭的社会资本积累有着显著的积极影响。

在物质资本的回归模型中，与户主受教育程度是小学及以下的家庭相比较而言，户主是初中和高中及以上文化程度对物质资本的积累有着显著的正向影响，可见，教育文化程度越高的户主更倾向于投资家庭的物质资本以提高生产和生活水平；家庭规模和负担比分别对物质资本有着显著的正向影响和负向影响；此外，临近公路对农户的物质资本有着显著的正向影响，交通的便利程度是影响物质资本积累的重要因素；从社区因素可以看出，靠近保护区对农户获得更高的物质资本有积极作用；同时显著影响家庭物质资本的还有所在村庄的人均年收入，外部的经济发展水平越高，农户的物质资本水平越高。

在自然资本的回归模型中，户主的年龄取对数对家庭自然资本有显著的正向影响，相较于年轻的户主，年长者对土地有着更强的依赖性；靠近公路对家庭的自然资本水平有着显著的负向影响，可见，交通越便利，农户对土地的依赖就越少；在社区因素中，靠近保护区对农户自然资本的获得有着显著的负向影响，可见设定自然保护区在一定程度上有利于减轻农户对自然资源的依赖；社区的人均年收入水平越高，农户的自然资本也越高，经济发展水平的提高有利于农户获得更多的自然资源。

二　迁移特征对生计资本的影响分析

为进一步探索不同迁移特征对农户生计资本的影响，本节将以所有参与外出务工活动的农户为样本，在剔除缺失的个别样本以后，最终进入回归模型的实际样本有612个。回归的模型保持了之前回归模型中的控制变量，在此基础上，加入了迁移特征，分别为家庭的外出人数、农户收到的年汇款总量、是否有成员在外省务工，以及户主是否有外出经历等指标，对农户的生计资本进行回归分析。在之前的分析中发现，参与外出务工对农户的金融资本、人力资本、社会资本和自然资本有着显著的影响，而对物质资本没有显著影响。考虑到本节是作为迁移对资本影响验证存在性基础上的深入，物质资本受到的影响在之前没有被验证，因此，回归模型不包括对物质资本的影响回归结果，而只对金融资本、人力资本、社会资本和自然资本进行回归。此外，由于外出成员年汇款总量是构建农户金融资本的重要指标，因此未将外出成员的年汇款总量纳入金融资本的回归模型中。在控制其他变量的情况下，回归结果见表 4 - 7（OLS）和表 4 - 8（GLM）。

表 4 - 7　迁移特征对生计资本的影响回归结果 （OLS）

自变量	金融资本	人力资本	社会资本	自然资本
迁移特征				
外出人数	0.05	0.20 ***	0.09 **	0.00
年汇款总量（ln）	/	- 0.01	0.08 **	0.03
省外务工	- 0.08 **	- 0.02	0.04	0.09 **

续表

自变量	金融资本	人力资本	社会资本	自然资本
家庭因素				
户主特征				
年龄(ln)	0.08	0.07 **	0.10 **	0.13 **
教育(小学及以下)				
初中	-0.01	/	0.16 ***	0.00
高中及以上	0.06	/	0.21 ***	-0.05
外出经历	0.02	-0.14 ***	0.04	-0.04
人口特征				
家庭规模	0.17 ***	0.64 ***	0.14	-0.27 ***
负担比	-0.07	-0.35 ***	-0.10 **	-0.00
地理特征				
临近公路	0.05	0.02	-0.02	-0.10 **
社区因素				
到镇上的距离	0.06	0.01	0.15 ***	-0.01
保护区内	-0.21 ***	0.10 ***	0.10 **	-0.12 **
人均年收入	-0.07	0.05 *	0.18 ***	0.13 ***
R^2	0.083 ***	0.714 ***	0.172 ***	0.143 ***
样本数	612	612	612	612

注：表中系数为标准化系数；***，$p < 0.01$；**，$p < 0.05$；*，$p < 0.1$。

表 4-8 迁移特征对生计资本的影响回归结果 (GLM)

自变量	金融资本	人力资本	社会资本	自然资本
迁移特征				
外出人数	0.06	0.14 ***	0.15 **	0.00
年汇款总量(ln)	/	-0.01	0.00 **	0.00
省外务工	-0.13 **	-0.02	0.12	0.15 **
家庭因素				
户主特征				
年龄(ln)	0.00	0.00 **	0.01 **	0.01 **
教育(小学及以下)				
初中	-0.01	/	0.42 ***	0.01
高中及以上	0.18	/	0.84 ***	-0.17
外出经历	0.01	-0.12 ***	0.11	-0.04
人口特征				
家庭规模	0.10 ***	0.21 ***	0.14	-0.27 ***
负担比	-0.15 *	-0.41 ***	-0.36 **	-0.00

续表

自变量	金融资本	人力资本	社会资本	自然资本
地理特征				
临近公路	0.10	0.02	- 0.02	- 0.10 **
社区因素				
到镇上的距离	0.10	0.01	0.01 ***	0.01 ***
保护区内	0.00 ***	0.00 ***	0.42 ***	- 0.01
人均年收入	- 0.00	0.00 *	0.00 **	0.00 **
样本数	612	612	612	612

注：***，$p < 0.01$；**，$p < 0.05$；*，$p < 0.1$。

在有劳动力迁移的农户中，迁移的人数对人力资本和社会资本有着显著的正向影响，而对金融资本和自然资本无显著的影响；农户收到的年汇款总量对社会资本有着显著的正向影响，对其他资本影响不显著；家中有成员到省外务工对金融资本有着显著的负向影响，对自然资本有着显著的正向影响，但对人力资本和社会资本无显著影响。户主的外出经历对人力资本有着显著的负向影响，而对其他资本无显著影响。

第五节　讨论和总结

一　讨论

描述性统计结果表明，在西部贫困山区，迁移户与非迁移户的生计资本在数量上有显著差异。回归结果表明，农户家中是否有成员迁移对家庭生计资本的水平有着显著的影响，但不同类型的生计资本受迁移的影响程度各有不同；不同的迁移特征对农户不同的生计资本影响也不相同。

可以看出，以赚钱增收为主要动机的迁移行为直接提升了家庭金融资本。但在迁移户中，外出人数的增加不一定会对金融资本产生影响，一方面务工人数的增多带来了收入水平的提高，但另一方面，也可能导致留在家里从事生产的劳动力有所减少，从而降低金融资本的总量。此外，省外务工者以谋求个人发展为目的的年轻人居多，他们对于家庭的责任，以及所提供的经济支持无法用"利他性"假设来解释。

迁移行为的发生直接引起家庭外出成员的人力资本增值，从而导致家庭人力资本存量的增加。原因有三点：首先，在迁移户中，外出人数对人力资本有着显著的正向影响；其次，汇款却未对其产生贡献；再次，户主的外出对人力资本产生显著的负向影响。这可能与户主年龄有关，样本中户主的平均年龄为 45 岁，中年人群接受新知识和事物的能力较年轻一代差，且他们外出较早，与新生代相比所从事的工作多靠出卖体力，进而提高自身人力资本的可能性和空间不大。

迁移对社会资本的提高通过两个途径发生：第一，外出成员在外社会交往的扩大给家庭带来社会资本的增加，外出人数越多，可能获得的外部社会资源越多，其社会网络规模越大；第二，汇款多被用于日常的礼尚往来等社会交往活动，而不是投入教育和生产。

调查所在地的生存环境恶劣，基础设施薄弱，外出开阔农民眼界的同时也使他们更加认识到家乡与外界的差距。我们的调查发现，农户的外迁意愿普遍强烈，这导致对家庭物质资本投入的积极性不足。

在西部山区的特殊背景下，迁移对自然资本的负向影响是本书同以往研究有所差异的另一个方面：当地生产条件较差，耕地和林地的生产效率受到限制且改善的可能性不大，迁移后留守家庭成员在耕地和林地上投入人力和物力的积极性不高，加之迁移带来了投入农林业生产的劳动力减少以及非农收入对传统农业生产收入的替代。然而，在迁移户中，外省务工能促进自然资本的积累，因为山区自然条件恶劣和生产效率低下迫使许多留守家庭成员选择租种平原上的土地。因为平原的农业生产多采用机械化，对劳动力的需求不高，恰好抵偿了有省外务工家庭劳动力的缺位。这也体现了当地农户迁移后最大化家庭收益所选择的一种策略。

针对参与劳动力迁移的家庭，通过对不同迁移特征影响农户生计资本的实证分析发现，外出人数、汇款总量、务工地点和户主的务工经历等迁移特征对农户不同的生计资本有显著的影响。家中外出人数不影响金融资本的积累，外出者年龄和在省外务工对金融资本积累有着显著的负向影响。通过对省外务工者和非省外务工者两组人群的平均年龄比较可以看出，省外务工的人群较省内和本地务工的群组年龄轻。这说明多数年轻人外出务工的动机不再是单纯以赚钱为目的，而是为了个人发展。他们对家庭的责任和支持不能完全用"利他性"假设来解释。在影响人力资本的迁移特征中，外出人数对人力资本有着显著的正向影响，而外出者平均年龄对人力资本有着显著的负向影响，汇款量和外省务工不影响人力资本。此外，年纪越小的成员，其学习能力强，接受新知识和新思想进而提高人力资本的可能性越大，而年纪越大其人力资本越难改变。外出人数、家庭年汇款总量和省外务工是影响社会资本积累的重要因素，而家中外出成员的平均年龄对社会资本的积累并无显著影响。可见，外出人数越多，其带来的外部社会资源越多，其社会规模越大；汇款除了用作生产和消费以外，在一定程度上被留守家庭用于日常的礼尚往来等社会交往活动，对家庭社会资本的积累和提高有着积极的作用。影响农户自然资本的迁移特征是汇款和外省务工，两者都有显著的正向影响。虽然当地自然条件恶劣，生产效率低使得迁移对自然资本的影响是显著负向的，但汇款对投入农林业的劳动力产生了一定的替代作用。在迁移户样本中，汇款越多对劳动力的替代作用越大，汇款多的迁移户其自然资本也随之增加。有成员在省外务工的家庭获得的支持不如从本地务工者所获得的显著，因而，外出务工的收入与自然资本的替代关系并不明显，更表现为一种互补的关系。迁移的这一特征最终能强化农户生计并改善自然资源和获取自然资本。

二 总结

本章基于"生计资本"的相关理论和测量方法，构建了衡量西部贫困山区农户生计资本的指标，并对农户所拥有的用于实现生计目标、代表其家庭资源禀赋和可行能力的生计资本进行了量化；之后按照家庭是否有成员参与外出务工活动对农户样本进行分类，并通过描述性统计对比了两类家庭在五种生计资本上的差异；在此基础上，利用回归模型分析了劳动力迁移对农户生计资本的影响，并针对迁移户，分析了不同类型的迁移特征对生计资本的作用。

迁移在一定程度上提升和积累了农户家庭的生计资本，农户的迁移方式和特征影响着代表其发展能力的生计资本的获得和使用，但这种提升和积累是片面的和不均衡的。迁移直接影响金融资本、人力资本、社会资本和自然资本，而物质资本作为农户生产和生活的重要条件，并不受迁移的影响。

本研究所得结论验证了国内外学者相关领域研究所得的结论，也为消除以往研究中的一些争议提供了较为合理的解释。本书在可持续生计框架和五大资本的框架下对以往迁移和反贫困研究给出了新的诠释。在中国西部贫困脆弱地区，迁移通过影响农户五种生计资本的提升和积累来发挥其反贫困的作用。农户的金融资本和人力资本都受到了迁移的直接影响，这些影响直接反映在农户收到的汇款和外出成员本人的知识和技能等方面，而其他的生计资本更多的是通过金融资本的转换发生变化。

第五章 劳动力迁移对农户
生产策略的影响

第四章利用生计资本指标的量化，探索了家庭劳动力迁移对农户生计资本影响的存在性，并在此基础上分析了不同的迁移特征对农户生计资本的影响。为了深入分析迁移对生计的影响，本章将根据西部山区农民迁移的特点，将农户的迁移类型进一步细化为本地务工和外地务工两类，在此基础上分析参与不同类型的务工活动对农户选择参与农（粮食）作物生产、林（经济）作物、家畜养殖和非农自营四类生产活动的影响；之后，在给定参与某一生产活动的基础上，用二阶段的方法分析务工人数对农户从各类生产活动中所得收入的影响。具体来讲，首先基于总体分析框架的思路，提出了劳动力外流背景下农户生产选择和收入的影响因素分析框架；其次介绍分析方法与计量模型和变量设置；最后给出实证结果并进行讨论。

第一节 研究设计

一 分析框架

为了更好地分析劳动力迁移对农户生产策略的影响，结合劳动力迁移的类型，在第三章总体框架的基础上进一步细化了迁移对生产策略的影响分析框架（见图5－1）。

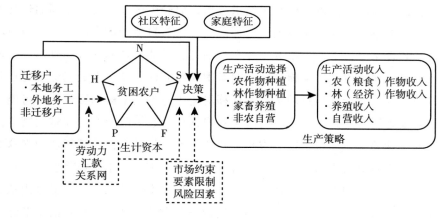

图 5 - 1　分析框架

注：关于虚线框中的内容本书并不作深入研究，在此只为了补充说明迁移对生产策略
的作用机理。

迁移带来的生计资本的变化构成了迁移家庭进行新的生计活动的前提条件，基于家庭资产、能力变动和生计活动的再选择，新的谋生方式产生，即农户的生产策略。本书将农户的生产策略定义为农户凭借家庭所拥有或可获得的资源要素选择参与不同的生计活动，并创造生存所需的收入水平的行动。因此，农户的生产策略包含两步：首先选择参与可行的生计活动；其次在此基础上，创造相应收入。

此外，该定义还暗含了一个前提：代表农户生计资本的资源要素是生计策略实施的基础。"生计资本"代表农户发展生计的能力，决定农户参与某种生计活动和获得收入的关键（Bebbington，1999）。这也是本书中所特别强调的，将劳动力迁移同农户的生产策略研究相结合的连接点。新迁移经济学（New Economics of Labor Migration，NELM）理论有这样的假设：外出务工及其汇款提高了农户的资本可及性，进而突破了流出地家庭发展的制约，创造了参与其他非农生产的机会。在西部地区，农户参与务工活动对其参与其他非农生产的影响还有待进一步的验证，但新迁移经济学的假设从资本可及性的角度出发考虑迁移的影响，为生产策略的研究提供了思路。可以说，外出带来的生计资本变化为进一步的生产策略实施创造了条件。

基于新迁移经济学的假设，涉及劳动力迁移对农户影响的文献多从劳动力迁移的总体特征出发，侧重于结果分析，而较少区分和比较不同的迁移类型对家庭的影响。在中国贫困的西部山区，人与自然矛盾突出，劳动力市场缺失，教育水平低下，外出务工存在被动性，长期的贫困使农户外出务工面临较高的交易成本和风险损失。在此贫困和脆弱性条件下形成的劳动力迁移有其特殊性，如迁移地点的选择及迁移对流出地生产策略的影响，都可能与中国其他地区有所差异。山区的贫困农户往往存在风险规避，脱贫致富等多方面的生计要求，如果不区分农户迁移的类型，很难全面地解释农户在这些背景下的策略形成机制，特别是在流出地的生产策略。本研究将农户务工类型分为本地务工和外地务工两种：本地务工指在本乡镇以外，本县以内从事非农务工的行为，在农忙时节会回家进行农业生产，多为钟摆式的季节性迁移；外地务工指在本县以外的地区从事非农务工的行为，多以赚钱或发展为目的，非季节性单摆式迁移。本地务工户为有成员进行本地务工的家庭；外地务工户为有成员进行外地务工的家庭。在此基础上，本书探讨了两种类型的务工行为对农户本地生计活动的不同影响，这也是理解西部山区农户生计的重要环节。

在西部山区特殊背景下，考虑到外出动机、季节性和距离等因素，将农户的务工类型划分为本地务工和外地务工两类。在一些实证研究中，也有学者基于对外出后劳动力和资金双向流动的考虑，将迁移分为国内迁移和国际迁移[①]（Deshingkar，2006；Adams and Page，2005；Stark and Taylor，1989），并得出一些实证结论：两类迁移都造成了劳动力的流失，后者虽然拥有较高的汇款和投资倾向，但汇款能否促进非农参与取决于当地劳动力市场的健全程度（Adams，1998）。西部山区劳动力迁移的方式不能同国内迁移和国际迁移做简单类比。迁移通过改变流出地家庭的劳动力可及性、汇款和关系网而影响生计资本。西部山区劳动力市场的缺失，令汇款无法实现对劳动力的替代，进而使迁移对非农生计参与的促进大打折扣。这更凸显了劳动力的可及性在非农参与中的重要性。相对于外地务工来讲，本地务工对劳动力的束缚小，可及性高。此外，本地务工和外地务工都给家庭带来一定的关系网（Winters et al.，2002），这也是在中国文化背景下进行非

---

① 国内迁移和国际迁移的区分在于是否跨越国界。在许多发展中国家，农户有条件选择到国外务工。而这种跨越国界的外出务工方式在中国的西部地区较少出现，当地以本地务工和外地务工为主。

农活动的必要元素。

　　框架中，"生计资本"包括自然资本、金融资本、物质资本、人力资本和社会资本，是承接外出务工和家庭生产策略的重要环节，体现外出务工对生产策略影响的机制和路径。把农户的生计放在动态的可持续生计分析框架中考察，务工为农户带来的资本积累只是其整个生计策略的一个中间环节，资本在其他生产活动中的重新配置才是可持续生计的关键。研究发现，迁移改变了农户的生计资本（李聪等，2010）。但作为生产策略的基础，生计资本的变化又将生产策略导向何处，这取决于外部环境和农户自身因素（董召荣和姜长云，1996），包括市场、风险、社区和家庭的特征。但这些因素对生产策略的影响也是通过生计资本的变化产生的（Newton et al.，2007）。

　　在封闭贫困的西部山区，本地务工更有利于农户参与其他非农生计活动；但在参与以后，本地务工依然分流了部分家庭劳动力，可能影响这些本地活动的收入水平。特别是农户面临外地务工市场的高风险时，其外地汇款也不是稳定的资本来源，本地务工就显得更加重要。

二　分析方法与计量模型

　　本书使用两类实证方法考察迁移对农户生产策略的影响，描述性统计分析农户生产策略的现状，回归模型分析迁移对生产策略的影响。

　　首先，使用描述性统计方法，进行生产活动的分布与收入现状的描述分析。

　　其次，参与本地务工和外地务工对农户非农生产活动选择的影响：用Probit回归分析是否本地务工和是否外地务工、生计资本、社区特征和家庭结构分别对农户参与林（经济）作物种植、家畜养殖和非农自营等生计活动产生的影响。具体的计量模型如下：

$$I_{nc}^n = \gamma_{0nc} + \gamma_{1nc} I_w^n + \gamma_{2nc} I_b^n + \gamma_{3nc} X^n \tag{5-1}$$

　　其中，I_w^n 为外地务工户，I_b^n 为本地务工户。

　　最后，分析在既定参与各类生计活动的情况下，本地务工和外地务工的人数对各生产活动中所获得的收入的影响：用 Heckman 样本选择偏误校正模型，在给定参与某项生计活动的前提下分析本地务工人数和外地务工人数对各类生计活动相关收入的作用。农户选择生计活动是获得相应收入的前提，由于样本中并非所有农户都参与非农生产，样本偏差会使估计结果的随机扰动项非零而造成估计结果有偏，Heckman 二阶段模型在收入方程式中运用迭代最小二乘法，利用方程间的误差项信息对所有家庭进行联立估计，在计量模型中加入逆米尔比（Inverse Mill Ratio，IMR），即可解决这一问题（Heckman，1979）。具体的计量模型如下：

将式（3 - 10）中的两式联立，运用二阶段估值法，首先用式（3 - 10）中解释变量，做 Probit 回归来估计参与每项非农生产活动，Probit 指数函数表达式如下：

$$I_{nc}^{n} = \gamma_{0nc} - \gamma_{0c} + (\gamma_{1nc} - \gamma_{1c})M_{w}^{n} + (\gamma_{2nc} - \gamma_{2c})M_{b}^{n} + (\gamma_{3nc} - \gamma_{3c})X^{n} \qquad (5 - 2)$$

之后，在 Probit 回归的结果中，用各项活动的估计系数计算 IMR，求出各个方程的逆米尔比（Inverse Mill Ratio，IMR）：

$$IMR_{hi} = -\varphi(X_{h})/\Phi(X_{h}) \qquad (5 - 3)$$

$\varphi(X_{h})$ 表示标准正态分布的密度函数，$\Phi(X_{h})$ 表示正态分布函数，X_{h} 包含所有解释变量的向量。

再代入第二阶段，同解释变量一起回归相应生计活动收入，方程如下：

$$y_{nc}^{n} = \gamma_{0nc} + \gamma_{1nc}M_{w}^{n} + \gamma_{2nc}M_{b}^{n} + \gamma_{3nc}X^{n} - \sigma_{nc}IMR_{nc}^{n} + u_{nc}^{n} \qquad (5 - 4)$$

三　变量设置

农户的生产策略包括两步：首先，立足于家庭的生计资本，选择不同生产活动，以是否参与林（经济）作物种植、家畜养殖和非农自营为因变量；其次，在给定参与的条件下，从各类生产活动中所获得的收入，因变量为在农（粮食）、林（经济）作物种植，家畜养殖和非农自营活动中所获得的收入取对数。变量设置见表 5 - 1。

第一步分析从事务工活动对农户选择参与非农生产活动的影响，选取的主自变量为是否本地务工户和是否外地务工户。控制变量的选取在借鉴国内外相关研究的基础上，根据分析框架和数理模型，将调查问题的设计集中在家庭结构、生计资本和社区特征三个方面，以反映农户内在因素和社区因素。第二步分析务工人数对各类生产活动收入的影响，选取的主自变量为本地务工人数和外地务工人数。

表 5 - 1　变量设置与取值

变量	变量设置
第一阶段主自变量	
本地务工户	虚拟变量(家中有成员在本地务工的取 1,否则取 0)
外地务工户	虚拟变量(家中有成员在外地务工的取 1,否则取 0)
第二阶段主自变量	
本地务工人数	连续变量,家中从事本地务工的成员数量
外地务工人数	连续变量,家中从事外地务工的成员数量
家庭结构	
家庭规模	连续变量,家庭成员的数量
户主年龄(> 50 岁)	将户主年龄划分为三类,以 50 岁以上的户主为参照
20 ~ 35 岁	虚拟变量(户主年龄为 20 ~ 35 岁的取 1,否则取 0)
35 ~ 50 岁	虚拟变量(户主年龄为 35 ~ 50 岁的取 1,否则取 0)
人力资本	
平均受教育年限	连续变量,家庭成员的平均受教育年限(单位:年)
非农经验	由调查数据计算所得
物质资本	
生产工具(匮乏)	由调查数据计算所得,按拥有数量划分三个等级
中等	虚拟变量(生产工具被划分为中间等级取 1,否则取 0)
高等	虚拟变量(生产工具被划分为高等级取 1,否则取 0)
房屋价值(<5 万元)	房屋估价划分为 5 万元以上和 5 万元以下两个等级
5 万元以上	虚拟变量(房屋估价在 5 万元以上取 1,否则取 0)
是否靠近公路	虚拟变量(居住房屋靠近公路取 1,否则为 0)
自然资本	
人均耕地面积	连续变量,家庭实际耕地总面积/家庭人口数(单位:亩)
人均林地面积	连续变量,家庭实际林地总面积/家庭人口数(单位:亩)
社会资本	
干部	虚拟变量(家中有成员担任过乡村干部的取 1,否则取 0)
借钱网	连续变量,家庭在遇到经济困难时可求助的家庭数目
金融资本	
金融可及性	连续变量,由调查数据计算所得
社区特征	
到镇上的距离	连续变量,农户所在社区(村)到乡镇的距离
是否在保护区内	虚拟变量(村庄在自然保护区取 1,否则取 0)

控制变量包括家庭结构、五大生计资本和社区特征。家庭结构包括"家庭规模"和"户主年龄",该部分数据通过问卷中的人口信息表得到。人力资本包括家庭成员的"平均受教育年限"和"非农经验","非农经验"是"家庭成员是否有过非农经历""是否有过非农培训""是否有非农技能"三个指标经过标准化处理后的合成指标,处理方法参照了 Sharp 和李小云的资本指标计算方法。物质资本的三个指标中,"生产工具"是由问卷中 15 项涵盖当地农户所有生产性工具的选项加总得来,在模型估计时被划分为匮乏、中等和高等三级;"房屋价值"在问卷中以农户自己对家中房屋的估价为准,划分为 5 万元以下和 5 万元以上两个等级;"是否靠近公路"为分类变量,用以判断农户房屋的地理位置。自然资本包括"人均实际耕地面积"和"人均实际林地面积"。社会资本中,"家中是否有成员当过乡村干部"为分类变量;"借钱网"为连续变量,选取问卷中"家中日常生活遇到困难需要用钱可能会提供帮助的家庭数"做指标。金融资本选用农户的"金融可及性"为变量,由"是否受到过银行和机构组织的资助""是否从非正式的机构和个人贷过款"两个指标合成,合成的方法同人力资本指标。社区特征包括"到镇上的距离"和"是否在保护区内"两个变量,前者代表着该农户所在村庄距离商店、农产品加工点的便利程度,这些地方也是农户出售农林产品的场所,充当着集市的角色;在保护区内外直接关系到农户自然资本使用和生产策略选择是否受限,这两个变量都对农户生产活动参与和收入有着重要的影响。

自变量的分类描述统计结果见表 5 - 2。从对主自变量的描述来看,参与外地务工的农户是参与本地务工户的 2 倍。此外,在总体样本中,从事外地务工的平均人数也远高于从事本地务工的人数。但在本地务工户中,从事本地务工的人数却高于外地务工户中从事外地务工的人数。

从家庭的规模可以看出,本地务工户和外地务工户的家庭规模都高于总体样本。另外,在总体样本中,户主的年龄为 35 ~ 50 岁的家庭居多,占近一半的比例,而在本地务工户中这一比例超过一半,远高于外地务工户中的这一比例。从人力资本的指标来看,外地务工户的平均人力资本水平要高于总体样本和本地务工户。因为无论是平均受教育年限还是非农的经历,外地务工户都高于本地务工户。在物质资本的各项指标中,务工户居住的房屋靠近公路的比例略高于总体样本,而生产工具的水平和房屋的价值基本无差异。

表 5 – 2 变量取值与比较

变量	总体样本		本地务工户		外地务工户	
	均值	标准差	均值	标准差	均值	标准差
第一阶段主自变量						
本地务工户	0.20	0.40	/	/	/	/
外地务工户	0.41	0.49	/	/	/	/
第二阶段主自变量						
本地务工人数	0.23	0.49	1.33	0.57	/	/
外地务工人数	0.54	0.75	/	/	1.14	0.40
家庭结构						
家庭规模	3.97	1.38	4.11	1.39	4.20	1.27
户主年龄（>50岁）						
20~35岁	0.22	0.41	0.21	0.41	0.20	0.40
35~50岁	0.47	0.50	0.54	0.50	0.45	0.50
人力资本						
平均受教育年限	6.20	2.67	6.19	2.27	6.78	2.53
非农经验	0.42	0.49	0.46	0.50	0.49	0.50
物质资本						
生产工具（匮乏）						
中等	0.48	0.50	0.49	0.50	0.47	0.49
高等	0.28	0.45	0.30	0.45	0.27	0.44
房屋价值（<5万元）						
5万元以上	0.07	0.25	0.08	0.26	0.07	0.25
是否靠近公路	0.17	0.38	0.20	0.40	0.19	0.39
自然资本						
人均耕地面积	14.18	12.71	9.98	10.69	13.68	11.38
人均林地面积	34.63	56.78	38.89	59.49	29.76	35.79
社会资本						
干部	0.24	0.43	0.24	0.42	0.32	0.47
借钱网	8.23	7.44	8.58	8.34	8.65	7.89
金融资本						
金融可及性	0.29	0.46	0.67	0.47	0.70	0.46
社区特征						
到镇上的距离	18.25	15.19	16.75	15.42	18.56	14.91
是否在保护区内	0.71	0.45	0.81	0.40	0.71	0.45

本地务工户和外地务工户的人均耕地面积都小于总体样本，而两者相较，本地务工户的耕地面积少于外地务工户家庭；而从人均林地面积的比较看，本地务工户的林地面积在总体水平之上，而外地务工户的林地面积在总体水平之下。此外，在社会资本指标中，本地务工户的关系网络中有干部的比例和总体水平相当，都低于外地务工户中的比例；同时在另一指标借钱网方面，两类家庭都略高于总体样本。从金融资本水平来看，两类务工家庭的金融资本可及性远远高于总体样本的平均水平。从社区特征看，到镇上的距离和在保护区内两个指标在两类家庭中并无太大差异。

第二节　研究结果

一　生产策略现状描述

表5-3提供了总体和两类务工农户参与各类生产活动的描述性统计。从分布情况看，农作物生产为农户提供基本生存保障，在调查地从事农作物生产的家庭比例达85%；其次为林作物生产，在总体和务工户中的分布均超过3/4；而养殖和自营的比例较低，分别为24%和8%左右。此外，可以看出，各类生产活动在总体和两类务工之间的分布差异基本不大。

表5-3　生产活动的分布

	总体		本地务工户		外地务工户	
	M	SD	M	SD	M	SD
从事农(粮食)作物生产	0.85	0.36	0.80	0.40	0.84	0.37
从事林(经济)作物生产	0.78	0.42	0.81	0.39	0.79	0.41
从事养殖生产	0.24	0.43	0.23	0.42	0.22	0.42
从事自营生产	0.08	0.27	0.08	0.27	0.06	0.23

表5-4提供的是总体样本和两类务工农户在各类生产活动中获得的收入的描述性统计。从生产活动的收入构成看，务工户的总收入显著高于总体样本的平均水平，而两组样本的总收入基本持平。本地务工户的农（粮食）

作物的收入水平显著低于总样本的平均水平，而外地务工户的农（粮食）作物的收入水平略高于总体水平，但无显著差异。本地务工户在林（经济）作物上的收入水平略低于总体水平，而外地务工户在该项的收入水平高于总体水平，但比较的差异均不显著。此外，本地务工户和外地务工户在养殖活动中的收入水平均低于总体平均水平，但差异并不显著。同时，虽然在之前的描述中可以发现，在总体样本中从事非农自营的比例不高，但从该项活动上所获得的收入是农户收入的主要来源之一，但两组样本的自营收入所占比重远远低于总体的平均水平。从汇款的数量来看，本地务工户所得到的汇款要略高于外地务工户。

表 5 - 4　生产活动收入

	总体		本地务工户		t 检验	外地务工户		t 检验
	M	SD	M	SD		M	SD	
总收入	7723	9518	8688	6833	***	8746	7680	***
农（粮食）作物收入	1695	1484	1471	1392	**	1754	1585	ns
林（经济）作物收入	1597	2119	1481	1950	ns	1683	2276	ns
养殖收入	518	1403	446	1111	ns	515	1382	ns
自营收入	1012	7890	303	1856	**	551	4331	**
汇款收入	1742	3796	3374	5121	——	3078	4993	——
其他收入	1159	1199	1613	1648	***	1159	1236	**

注：（1）收入衡量农户全年的各类收入水平，单位为元/年；
（2）表中两个 t 检验分别是本地务工户和非务工户、外地务工户同非务工户的差异比较；
（3）***，$p < 0.01$；**，$p < 0.05$；ns，$p \geq 0.1$。

　　纵向来看，在总体样本中，农户的汇款所占的比重最高，占总收入的比重超过 1/5，可见务工已经成为当地农户的一项主要收入来源。这一比例在两类务工户中更高，接近一半的水平。同时可以看出，农（粮食）作物和林（经济）作物依旧是当地农户的重要生计活动，是其收入来源的重要组成部分。养殖和自营收入以及其他收入是农户收入的有益补充。

　　按照总收入的多少进行划分，将农户分为四个层级。表 5 - 5 是各类生产活动与收入在各层级的分布和水平描述。

　　从事农业和林业种植的农户在四个层级中所占的比例均超过 50%，可见农林业种植始终是传统的生计模式。无论家庭收入多少，它们都是无法被割舍的。但尽管农户从事的比例高，在农林业种植上所得到的收入却不高。

　　此外，家畜养殖在此作为副业，可以看出在各收入段的分布随着层级的升高而增加，但平均收入远不及农林业收入。

　　非农自营在各个层级所占的比例很小。在低收入水平家庭中，农户从事非农自营的比例很少。但在高收入水平的家庭中，从事非农自营的比例接近 1/4，且其平均收入远远超过了农林业种植所得到的收入；在高收入的家庭中，非农自营对增加家庭收入的贡献不可忽视。

　　本地务工和外地务工在各个收入段所占的比例和收入水平均超过了养殖和非农自营活动。家庭总收入在平均水平以上的农户，本地务工和外地务工带来的汇款收入均超过了农业和林业种植收入。可见收入水平在前 50% 的家庭户中，迁移成为最主要的收入来源。外地务工汇款量和本地务工汇款量在各收入段基本持平，差异不大。无论是收入水平还是分布都随着总收入层级的升高而提高，尤其是从事外地务工的农户比例在各收入段的分布都高于本地务工，在收入水平前 50% 的家庭户中，外地务工的家庭占一半左右。

表 5 - 5　收入分位描述

总收入分位	0 ~ 25%	25% ~ 50%	50% ~ 75%	75% ~ 100%
人均收入	733	1377	2016	4255
农业种植收入	802 （75）	1592 （89）	2050 （88）	2338 （86）
林业种植收入	430 （58）	1161 （80）	1706 （86）	3094 （86）
养殖收入	44 （6）	223 （18）	547 （31）	1260 （39）
自营收入	4 （1）	26 （1）	227 （6）	3800 （23）
本地务工汇款	500 （13）	1251 （16）	2535 （23）	6802 （26）
外地务工汇款	308 （27）	1022 （35）	2316 （46）	6558 （53）

　　注：表中第一行为全年的收入水平，单位：元/年；第二行（括号中）为分布。

二　本地务工和外地务工对参与生产活动的影响

表 5 - 6 列出了农户参与林（经济）作物种植、养殖和自营活动的 Probit 和 Heckman 第一阶段回归的结果，Probit 模型的主自变量为是否参与本地务工和外地务工；Heckman 第一阶段的主自变量为本地和外地务工人数。可以看出，从事本地务工和外地务工对农户参与林作物种植没有影响，而增加本地务工和外地务工的人数对农户参与林（经济）作物种植有显著的促进作用。此外，养殖和自营的回归结果在前后两类模型中的差异不大，在此只对不同务工户的影响作分析。从事本地务工对养殖和自营具有显著的促进作用，从事外地务工对农户参与非农自营有着显著的负向作用。

本地务工多为季节性务工，在农忙或家中急需劳动力时能及时补位。同时，我们调查发现，外地务工人群较本地务工人群年龄轻，年轻人外出的动机并不单纯以赚钱为目的，而更偏重于个人发展，他们对家庭的经济支持不能用"利他性"假设来解释，同时外地务工成本高，相同条件下本地务工给家庭提供的汇款略高于外地务工。因此，从事本地务工并没有对生计再选择时的劳动力供给产生制约，反而纾缓了资金的约束，促进农户参与其他非农生产活动，而从事外地务工必然对再生产的劳动力供给产生制约，在劳动力市场缺失的情况下，劳动力的损失无法通过雇工劳动来弥补，农户选择参与其他生产活动的可能性也随之减小。

从生产活动本身来看，当地 80% 的农户参与退耕还林并获得一定的退耕补贴，林（经济）作物种植受退耕还林政策的影响甚于外出务工。因此，无论从事本地务工还是外地务工均不影响农户选择从事林（经济）作物的生产。而务工的人数对参与林作物生产有显著的促进作用，这可能与当地退耕时间短，林地作物还在生长期，对劳动力的需求低于资金需求有关，增加本地务工和外地务工不但不会制约林（经济）作物种植，其带来的资金反而会促进参与林作物的生产。此外，从人均林地面积的回归结果可以看出，林地面积越多，退耕所得补贴越多，参与林（经济）作物种植的积极性和可能性就会越高。

表 5 −6　农户参与非农生产活动的影响因素分析

自变量	林(经济)作物		家畜养殖		非农自营	
	Probit	Heckman	Probit	Heckman	Probit	Heckman
迁移因素						
本地务工户	0.05		0.13 ***		0.05 **	
外地务工户	0.03		−0.03		−0.05 ***	
本地务工人数		0.05 *		0.09 ***		0.03 *
外地务工人数		0.03 *		−0.01		−0.02 *
家庭结构						
家庭规模	0.01	0.01	0.05 ***	0.05 ***	0.00	0.00
户主年龄(>50 岁)						
20 ~ 35 岁	−0.11 ***	−0.11 ***	−0.07 *	−0.07 *	−0.01	−0.00
35 ~ 50 岁	−0.06 **	−0.06 *	−0.04	−0.04	−0.00	−0.00
人力资本						
平均受教育年限	0.00	0.00	−0.01 **	−0.02 ***	0.00	0.00
非农经历和培训技能	−0.06	−0.05	0.00	0.00	0.05 **	0.05 **
物质资本						
生产工具(匮乏)						
中等	0.08 ***	0.07 **	0.11 ***	0.10 ***	0.09 ***	0.09 ***
高等	0.08 **	0.07 **	0.07	0.06	0.20 ***	0.21 ***
房屋价值(<5 万元)						
5 万元以上	0.07	0.07	0.12 *	0.10 *	0.08 **	0.08 **
是否靠近公路	0.05	0.04	−0.04	−0.04	0.03 *	0.04 **
自然资本						
人均实际耕地面积	0.00	0.00	0.00 ***	0.00 ***	−0.00	0.00
人均实际林地面积	0.00 ***	0.00 ***	0.00	0.00	0.00	0.00
社会资本						
干部	0.01	0.01	0.01	0.01	0.03 *	0.02 **
借钱网	0.00 **	0.00 *	0.00	0.00	0.00 **	0.00 **
金融资本						
金融可及性	0.05 **	0.05 **	0.02	0.02	0.04 **	0.04 **
社区特征						
到镇上的距离	0.00 **	0.00 *	0.00	0.00	−0.00 *	0.00 *
是否在保护区内	0.10 ***	0.10 ***	0.02	0.02	0.05 ***	0.05 ***
Pseudo R^2	0.1013	0.0826	0.0596	0.0588	0.1860	0.1784

注: ***, $p < 0.01$; **, $p < 0.05$; *, $p < 0.1$。

当地主要的养殖动物有牛、羊、猪和蜜蜂。家畜养殖虽非高风险活动，但对劳动力和资金的需求有一定的刚性。从回归结果可以看出，家庭规模大的农户可用劳动力相对较多。本地和外地汇款都可能为前期的投入提供支持，但养殖对劳动力需求的刚性使得有成员在外地务工的农户无法满足从事该活动的基本条件。

非农自营具有高风险、资金门槛限制和对劳动力的要求高等特点，此外，社会资本也显著影响自营的参与，家庭社会资本高、金融可及性高和有过相关经历的农户更有可能从事自营。这一点从五大资本的回归结果得以验证。本地务工有利于农户获得当地的社会关系和较高的金融可及性，从而增加本地务工户从事非农自营的可能性；外地务工在带来较多的外地社会网络和资源的同时，却弱化了家庭在流出地的社会资本以及由此带来的金融可及性，加上劳动力的损失，使外地务工户从事自营的可能性大大降低。因此，外地务工对参与非农自营具有显著的负向影响。可见，外地务工户把自营作为外出务工的替代选择，而本地务工户对自营的促进作用体现了一种互补效应。

在控制变量中，家庭规模对农户参与家畜养殖具有显著的正向影响。一方面，家庭人口规模大可以给养殖家畜提供更多的劳动力支持，提高了其参与养殖的可能性；另一方面，家中人口数量多，其对肉禽蛋等的需求也相应较大，而从事家畜的养殖活动不但得到收入，还能给予农户的生活一定程度的回馈，降低家庭在这方面的生活开销。此外，户主的年纪越轻，家庭参与林（经济）作物生产和家畜养殖的可能性越小，但在非农自营上的影响却不显著。

在人力资本中，平均受教育年限对农户家庭参与养殖家畜有显著的负向影响，可见当地的家畜养殖是一种对劳动力要求较高的非技术性生产活动，有一定的本地特色，更多地依靠自然资源，也不需要过多的物质资本投入。农户家庭的非农经历和相关的技能培训等对非农自营的参与有着显著的正向影响。

相对于生产工具匮乏的家庭，拥有中等水平生产工具对农户参与林（经济）作物、养殖家畜和非农自营的可能性有明显的正向影响，拥有高等水平生产工具对参与林（经济）作物和非农自营有着更显著的正向影响。此外，家中房屋的价值较高的农户参与家畜养殖和非农自营的可能性提高，房屋靠近公路对农户从事非农自营活动的可能性有着显著的正向影响。

同时还可以看到，当地生产活动的参与和自然资本的数量有着很大的关联。人均实际林地面积对从事林（经济）作物有着显著的正向影响。而人均实际耕地面积对农户参与家畜养殖有着显著的正向影响。可见，这两类生产活动始终对自然资源的依赖度较高。

社会资本中，家中有亲友担任干部对农户家庭参与非农自营活动有着显著的正向影响。而农户在需要用钱的时候，能够获得亲友的借款的网络规模也对参与林（经济）作物生产和非农自营有着显著的正向影响。可见这两类生产活动对资本的需求有一定的要求。这一点可以在金融资本可及性的结果上得到印证，农户的金融资本可及性越高，其参与林（经济）作物生产和非农自营的可能性越大。

在社区的特征中，到镇上的距离对农户参与林（经济）作物生产有着显著的正向影响，而对从事非农自营有着显著的负向影响。在保护区内显著增加了农户参与林（经济）作物生产活动和非农自营的可能性。

三 本地务工和外地务工对不同生产活动收入的影响

为了进一步分析外出务工的影响，我们以务工人数为主自变量回归各类生产活动的收入，表 5 - 7 为 Heckman 第二阶段的回归结果。

外地务工人数和本地务工人数均对农（粮食）作物收入无影响，但同时对农户林（经济）作物收入有着显著的负向影响。农业生产作为最传统的活动，无论务工户或非务工户都会选择从事一定程度的农作物生产以保障基本生活需要，但农业的弱质性使得外出后留守成员投入人力和物力在农（粮食）作物生产上的积极性不高，农（粮食）作物的收入占总收入中的比重逐渐减少。无论外地务工或本地务工的人数增加与减少，都不会影响农业收入。在既定参与的条件下，增加务工人数必然会影响投入林（经济）作物种植的劳动力，汇款投入林（经济）作物生产的边际收益往往不能抵偿因劳动力的减少带来的收入损失，从而使得林（经济）作物总收入减少。同时，务工对林（经济）作物收入的负面作用更多地体现了汇款的收入替代效应，增加成员外出务工所得汇款收入远高于从事林（经济）作物生产获得的收益。

表 5 - 7　务工人数对农户相应生产策略的影响

	农作物收入	林作物收入	养殖收入	自营收入
迁移因素				
本地务工人数	0.08	- 0.31 ***	- 0.94 *	- 2.14 *
外地务工人数	0.09	- 0.16 **	- 0.26	- 0.89
家庭结构				
家庭规模	- 0.02	0.16 ***	0.61 **	0.05
户主年龄(> 50 岁)				
20 ~ 35 岁	0.33	0.15	- 1.57 ***	0.44
35 ~ 50 岁	0.10	0.05	- 1.08 **	0.19
人力资本				
平均受教育年限	0.22	0.04 **	0.18	0.36 **
非农经验	0.10	- 0.02	- 0.16	2.62
物质资本				
生产工具(匮乏)				
低等	0.07	- 0.03	- 0.08	- 0.47
高等	0.10	0.04	- 0.10	2.84
房屋价值(<5 万元)				
5 万元以上	0.02	0.34 *	0.11	2.71
是否靠近公路	- 0.31	- 0.06	- 0.89 *	0.58
自然资本				
人均实际耕地面积	0.01	0.01 **	0.06 ***	- 0.01
人均实际林地面积	0.00	0.00	0.00	0.00
社会资本				
干部	- 0.02	0.19	0.55	- 0.03
借钱网	0.01	0.00	0.02	0.04
金融资本				
金融可及性	0.09	- 0.17	- 0.25	0.88
社区特征				
到镇上的距离	0.00	- 0.01 ***	0.02 **	0.02
是否在保护区内	- 0.06	0.17	- 0.94 **	0.43
逆米尔比(IMR)	- 2.25 **	- 1.41 ***	3.43	7.19

注：***，$p<0.01$；**，$p<0.05$；*，$p<0.1$。

本地务工人数对养殖和自营收入均有显著的负向影响，但外地务工人数对二者的影响均不显著。本地务工虽然可以创造参与养殖和自营的条件，并增加他们参与的可能性，但在既定参与的情况下，增加本地务工人数即使不影响投入养殖和自营的可用劳动力，汇款的收入效应也会使投入这两种活动的积极性降低。此时，农户偏向分配更多的时间用于闲暇而非劳动，最终导致两类活动上的收入减少。

第三节　讨论和总结

一　讨论

通过分析发现，在西部山区，本地务工是一种保守型的策略，更侧重于转移风险和克服经济约束，对农林生产活动所需劳动力的供给具有灵活性，对其他生产活动更多地起到了互补的作用；外地务工是一种风险性的策略，侧重于转移风险，对家庭生产活动的选择具有替代作用。在市场缺失的情况下，本地务工作为季节性迁移所表现出来的劳动力供给灵活性、高汇款倾向，相较于外地务工更有助于农户克服市场缺失、纾缓风险和信贷约束从而突破发展的制约因素，增加参与非农业生产活动的可能性。另外，在本地劳动力市场缺失的条件下，外地务工提供的资金积累并没有抵消其因劳动力分流而产生的负面影响。家畜养殖表现出较高的资本依赖和劳动力需求刚性，使其更契合本地务工户的自身条件；从事非农自营活动对资金、劳动力和社会资本的要求将更多的外地务工户拒之门外，却成为本地务工户生计的有益补充。农户的参与选择也与各类生产活动自身的特点密切相关，从事林地种植受退耕政策和当地的实际情况的影响甚于迁移所带来的作用。

本地务工有利于农户参与本地其他生产活动，但这种工资性劳动供给并不利于其他本地生计收入水平的提高。也就是说，在既定参与非农生产活动的条件下，无论外地务工还是本地务工，增加外出人数都对农户在其他生产活动上的收入产生了负面作用，即使本地务工会增加农户从事这些生产活动的可能性。虽然本地务工相对能够兼顾其他活动，但这两类活动在劳动力供给上始终存在替代性，只不过相对于外地务工，这种替代程度较低而已。同时，迁移对收入的负面作用也体现了汇款的收入效应所产生的替代影响，在西部山区劳动力市场缺失的情况下，汇款收入无法实现对缺失劳动力的弥补。因此，相对于外地务工对生产活动选择和收入的显性替代作用来讲，本地务工对收入的影响是一种隐性替代。即在收入增加的情况下，农户的闲暇价值将会提升。汇款收入效应使得投入其他生产活动中的劳动力在工作和闲暇之间进行再次权衡和取舍，反而会妨碍其他生产性收入的增加。

二　总结

西部贫困山区市场缺失，粮食生产不可或缺。在退耕政策的影响下，林（经济）作物生产也开始演化成与粮食生产具有相同的地位，并成为其他非农生产活动的有益补充。总的来讲，外地务工对当地非农活动的参与和收入的替代作用更明显。本书的结论在一定程度上契合了新迁移经济学理论的假设，但同以往的研究又有差异。这种差异体现了在转型时期中国西部山区特殊环境和政策背景下，农户迁移动机和发展意愿的差异。对于迁移家庭来讲，在有限的资源条件下，从合理分配劳动力和资金到迁移和非农生产活动，度的把握是实现家庭最大化收益的关键。

第六章 劳动力迁移及汇款对农户
支出策略的影响

　　学者和政策制定者都非常关注农民迁移及汇款的作用，然而，这种关注多集中在农民增收的层面上，往往忽视了汇款作为现金收入，对在流出地面临资金流动性约束、缺乏完整社会保障的农户有着更为重要的作用。外出务工不仅是"有没有钱"的问题，更重要的是可能对"敢不敢花钱"也产生影响，即改变了农民的边际消费倾向和投资倾向，并在生计多样化的层面上形成了更多的风险规避手段。针对后者的研究在国内仍然较为鲜见，与此相关的政策制定和政策评价应当更多地关注汇款在增收以外的作用。也就是说，除了提高家庭支出水平，汇款还会对农户支出产生什么样的影响？特别是在贫困地区，这些影响的表现何在？其中的作用路径又是怎样？因此，本章在相关文献和模型分析的基础上，提出汇款作为一种现金收入对农户支出有直接影响，其通过提高家庭总收入对家庭支出策略有间接影响。并在总体分析框架的基础上，具体分析汇款对家庭用于食物、耐用品、医疗保健、教育、生产投入和礼金方面的支出选择与比重安排来探讨汇款对家庭支出策略的不同作用。

　　具体来讲，首先基于总体分析框架的思路，提出了劳动力外流背景下农户支出类别和比重影响因素分析框架；其次介绍分析方法与计量模型和变量设置；最后给出实证结果并进行讨论。

第一节　研究设计

一　分析框架

基于第三章的总体框架，本章就涉及汇款对农户家庭支出的影响进一步充实，提出了汇款对农户家庭支出策略的影响分析框架，如图 6 - 1 所示。在数理模型的基础上，本书将家庭成员外出务工所获得的汇款对家庭支出的两种作用分离开来进行考察，即汇款的间接作用和直接作用。在多数情况下，汇款往往是通过对家庭总收入（预算）的影响（贡献）间接影响了支出。而在贫困落后地区，农户的收入很大一部分是以实物形式获得的，比如从事农林作物种植所收获的粮食和经济作物。农户缺乏现金性的收入，同时也缺乏将实物收入转化为现金收入的途径。特别是在市场缺失的情况下，这种实物形式的收入很难转换成所需要的其他物品和现金。因而，这种以现金形式获得的收入对农户的作用就显得更为稀缺，而汇款作为一种现金收入极大地改善了农户的收入组成。其作用不仅局限于提高家庭的总收入而对农户的支出带来的间接作用，还包括它本身作为一种现金收入形式对家庭支出带来的直接影响。

为了深入分析汇款直接效应和间接效应对农户支出策略的影响，本书结合生计策略的定义，同样将农户的支出策略刻画为一个动态的过程以反映农户的支出决策，即支出类型的选择和在此基础上在各类支出项上的比重分配。

结合以往研究和中国西部山区的特殊背景，本书将农户所有的家庭支出项进行归类并划分为六大项，分别为食物支出、耐用品消费、医疗保健支出、教育支出、生产性投入和礼金支出。目前国外对农户支出结构的专门研究并不多，而国内对农户支出结构的研究大多数集中在对消费结构的区域比较研究方面。而本书对农户支出的研究，着眼点在于微观农户，农户的支出不同于其他城镇居民家庭的支出。农户是一个同时涵盖生产和消费的基本单位，而不是独立的消费单位。因此，农户的支出项不仅包含消费支出，如食物和耐用品消费项、教育以及人情社交往来的礼金支出等投资性支出项，还包含作为一个生产单位，在农林业生产上的投入。这也是农户的家庭支出所

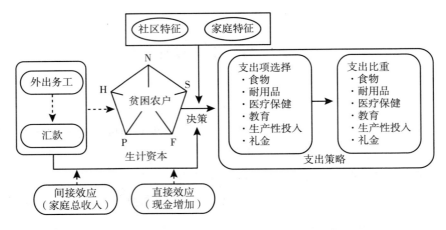

图 6 - 1　迁移和汇款对农户支出影响的分析框架

注：关于虚线框中的内容本书并不作深入研究，在此只为了补充说明汇款对支出策略的作用机理。

不可缺少的重要组成部分。

改革开放以来，我国农户消费结构变化显著，国内学者在农村居民消费结构问题上进行了大量的研究。这些研究在不同时期虽各有所偏，但并未因时序限制而被分散割裂开来，更不会因时间推移而结束。通过总结已有的研究发现，目前中国农村居民消费结构研究主要集中在五个方面：第一，农村居民消费结构的现状研究；第二，农村居民消费结构的特征研究；第三，农村居民消费结构的差异性研究；第四，农村居民消费结构的影响因素研究；第五，农村居民消费结构的变动趋势与预测研究。其中，大部分研究集中于农村居民消费结构的差异性研究和影响因素研究。但无论是对农村居民消费结构整体性研究，还是对其单个支出项目的研究都较少从汇款的角度，特别是针对贫困农户的家庭支出进行深入的分析，相关的一些研究主要集中在汇款的投入项差异和比较上。

以往多数涉及家庭支出的研究将其划分为食物、健康、教育和耐用品四项；在此基础上结合不同地区的实际情况进行调整，特别是在西部地区，农村家庭收入与消费支出相较于城镇居民、东部地区农村居民明显偏低。这在很大程度上制约了西部农村消费水平的提高与消费结构的升级。2007 年国家统计局资料显示，城镇居民家庭人均纯收入为 13785 元，农村居民家庭人均纯收入为 4140 元，东部地区农村居民家庭人均纯收入为 5854 元，中部地

区农村居民人均纯收入为 3844 元，西部地区农村居民家庭人均纯收入为
3028 元；城镇居民生活消费总支出为 9997 元，农村居民生活消费总支出为
3223 元，东部地区农村居民生活消费总支出为 4280 元，中部地区农村居民
生活消费总支出为 2937 元，西部地区农村居民生活消费总支出为 2526 元。
中国的城镇与农村、东部与西部收入状况和消费水平都存在很大差异。本书
通过前期预调研的一些情况发现，当地农户的物质生活水平普遍偏低，其收
入和消费水平基本徘徊在贫困线上下。除了必要的支出外，农户的额外支出
水平低，支出倾向不明显。汇款的收入对其生活和生产有着重要的意义。此
外，农户会将很大一部分的支出直接投入生产性活动和日常亲戚与邻里之间
的礼金支出。这一项"人情"支出，既是一种消费，也是一种投资。礼金
支出的加入也契合了中国的文化背景。

　　框架中，影响农户支出策略的因素包含三个方面：汇款、家庭特征和社
区特征。前文提到，汇款是农户家庭收入的重要组成部分，对影响支出的直
接效应和间接效应都同家庭的收入有着密不可分的联系。因此，研究支出的
影响因素，家庭收入首当其冲。家庭收入水平是影响支出结构最重要、最基
本的因素。收入对消费结构的影响集中表现在消费需求层次上。随着购买力
的提高，消费需求层次也会得到提高，由此必然导致消费结构向较高层次跃
进。收入对消费结构的影响还表现在消费品的需求弹性上，有些消费品需求
弹性大，而有些消费品的需求弹性较小，收入水平的变化对不同消费品需求
弹性的影响作用也不同。

　　此外，农户的家庭特征是农户支出决策所要考量的内部因素，也决定
着农户支出的走向。这些特征指标基本代表了一个家庭的类型，而家庭类
型是影响农户支出的重要因素，它和家庭的目标及功能相联系：首先，每
个家庭的目标不同，其消费支出的侧重点也会有差异。在"家庭中心型"
"事业主导型""消费主导型"的三类家庭中，消费支出的侧重点也不同。
比如第一类家庭，比较重视对孩子的教育支出；第二类家庭，用于作为家
庭地位象征的社交活动支出所占的比重较大；第三类家庭重视与生活享受
有关的商品和劳务的支出，比如各种奢侈性的支出、经常性的旅游支出
等。其次，用家庭消费支出功能来说明家庭消费结构的特征及其变化，是
20 世纪 60 年代以来西方经济学研究的一种新观点。这种观点认为家庭通
常有三种功能，即繁殖功能、经济功能和社会功能。相应的，家庭消费支

出可以分为三类：第一类是必需的生活费用，包括最低限度的衣、食等支出；第二类支出是用以维系家庭存在与发展的经营性费用，如教育、休闲和娱乐支出；第三类支出是关乎家庭"阶级象征"的消费支出。最后，"家庭生命周期"理论认为，一个家庭从建立到消亡经过若干阶段，每个阶段具有不同的家庭生活特征，从而具有不同的消费结构。其中，在家庭生命周期不同阶段耐用消费品支出、医疗支出、教育支出、住宅支出以及旅游支出的变化更能反映消费结构的变化。随着工业化的发展，家庭规模越来越小，这一趋势对家庭消费结构的变化有着重要影响，主要表现在耐用消费品购买和食品消费上（范剑平和王小广，2001；孙国锋，2004；吴薇，2009；伊志宏，2004）。

农户所在的社区特征构成了农户进行支出决策的外部环境因素。这些外部环境因素包括政策因素、市场因素和经济因素。首先，对于处于经济转型期的发展中国家来说，政策和制度因素不容忽视，主要体现在价格制度、产权制度、投融资制度、劳动就业制度、收入分配制度、社会保障制度等方面。不同的经济制度会形成不同的消费结构，而制度的变迁会带来消费结构的演变。在西部生态脆弱地区，人口的发展与资源的短缺以及环境的破坏是当地发展的主要矛盾，也是国家相关环境保护政策的着力点。这些政策不但构成迁移行为的推力，也在迁移影响农户生计的过程中充当着不可忽视的角色。其次，市场环境与家庭支出息息相关，市场状况对支出结构的影响主要表现在两个方面：（1）某些商品的短缺可能会在一定时期、一定程度上对家庭的消费支出产生影响，特别是由于某些政策因素而限制该类商品发展时，这种影响会变得格外显著。（2）当市场上出现了某些新兴的商品时，也会在一定程度上刺激同类商品的消费，并使其支出下降的过程放缓（范剑平和王小广，2001；孙国锋，2004；吴薇，2009；伊志宏，2004）。金融市场状况对消费结构的影响体现在对消费储蓄结构的影响和对消费支出结构的影响上。在西部偏远贫困地区，市场对农户的生产和生活都有着重要的意义。此外，家庭的支出直接受到经济因素的制约。受经济水平制约的消费水平是一国（地区）消费结构的最基本影响因素。从根本上说，消费结构是消费水平的反映，同时消费水平、消费结构又是一国经济增长所处阶段的反映。一般而言，当消费水平比较低时，食品支出的比重较高。对于耐用消费品来说，其需求随着消费水平的提高而增加，但当其上升到一定程度时耐用消费品就不再会同步增长。而对于住房、医疗、交通通信等支出而言，需求量随着消费水平的提高而增多。

二　方法与计量设置

本书使用的统计方法包括：1. 描述性统计，分析农户家庭的支出水平和系统结构。2. 使用工具变量法以消除迁移对家庭支出和汇款所产生的内生性问题，之后采用三阶段最小二乘法（3 - Stage Least Square，3SLS），分析汇款对农户支出类别选择和支出系统结构的直接作用和间接作用。

首先，在对汇款和支出的研究中，要考察迁移的内生性，本书使用了两阶段法来解决这一问题：先选定合适的工具变量，再将"是否外出务工户"作为因变量，以所选工具变量及其他控制变量作为自变量，放入模型进行 Probit 回归；然后，将因变量的预测值放入汇款和支出的方程。迁移的影响因素回归方程如下：

$$Mig_h = \alpha_0 + \alpha_1 D_h + \alpha_2 A_h + \alpha_3 C_h + \alpha_4 P + u_h \qquad (6-1)$$

其中，D_h 为家庭人口特征，A_h 为家庭资产特征，C_h 代表社区变量，P 为工具变量，社区中外出务工劳动力所占比重。

其次，考虑到农户支出类别的选择性和样本的实际情况，需要进行一个二阶段估计以解决样本选择问题，第一阶段，将迁移这一内生变量的预测值和其他解释变量放入农户支出类别选择的 Probit 回归中：

$$I_{hi} = \beta_i + \beta_{1i}\ln(Y_h) + \beta_{2i}D_h + \beta_{3i}R_h + \beta_{4i}C_h + \beta_{5i}A_h + \beta_{6i}M_h \qquad (6-2)$$

其中，$\ln(Y_h)$ 是农户的家庭收入取对数，M_h 为迁移的预测值，R_h 代表汇款占总收入的比重，即它作为现金收入对家庭总收入的贡献率，本书选用这一变量来代替以往研究中所使用的"是否收到汇款"这一虚拟变量，或者是"汇款数量"。首先，"是否收到汇款"可能与其他的需求因素相关，比如 P_h（包括家庭非交易产品的影子价格，以及交易产品的交易成本）和其他变量 Z_h；其次，"是否收到汇款""汇款数量"和农户的支出同时受到迁移这一对家庭特征具有高度选择性的因素影响，迁移的内生性导致计量的偏误，同时汇款的水平和家庭的总收入放在一起会产生共线性问题。因此，本书选择汇款对家庭收入的贡献率和家庭的总收入一起来识别汇款对家庭支出的直接作用和间接作用。

之后，求出各个方程的逆米尔比（Inverse Mill Ratio，IMR）：

$$IMR_{hi} = -\varphi(X_h)/\Phi(X_h) \tag{6-3}$$

$\varphi(X_h)$ 表示标准正态分布的密度函数，$\Phi(X_h)$ 表示正态分布函数，X_h 包含所有解释变量的向量。

第二阶段，将 IMR 和内生变量的预测值带入家庭支出方程组中。本研究对家庭支出系统的估计采用 Almost Ideal Demand System（AIDS）方法，基于 Deaton（1980）的模型，引入劳动力迁移、汇款和家庭人口特征等变量：

$$e_{hi}/E_h = \varphi_i + \varphi_{1i}\ln(E_h) + \varphi_{2i}Z_h + \varphi_{3i}R_h + \varphi_{4i}C_h \\ + \varphi_{5i}A_h + \varphi_{6i}M_h + \varphi_{7i}IMR_{hi} + u_{hi}{}' \tag{6-4}$$

其中，e_{hi}/E_h 指第 h 个农户在第 i 项上的支出占总支出的比重。

考虑到各项支出是同时决定的，采用 3SLS 的估计法会比 2SLS 的估计法更为有效。此外，农户的各项支出相互关联，并统一在家庭支出的预算线之下，具有很强的系统性，因此，对农户的支出方程组进行似然不相关回归（Seemingly Unrelated Regression，SUR），以消除估计偏误。

三 变量设置

根据对计量模型的选择和描述，现就各部分回归方程的因变量和自变量进行说明。

本研究以农户的支出（支出类别选择和结构）为因变量。将农户家庭的支出项分为食物、耐用品、健康、教育、生产投入和礼金六项。其分别代表农户在过去一年中花费在食物（米、面、油等支出）、耐用品（家具、电器、大件生产工具和设备等支出）、健康（用于成员日常医疗和保健支出）、教育（未成年子女上学和成年劳动力的培训费等支出）、生产直接投入（农林业生产中用于购买农药、种子和化肥等；非农经营中固定资产投入和其他成本开支等支出）和礼金（日常亲戚邻里间有婚丧嫁娶等事件发生时的礼金支出）项的支出。这六类支出项主要围绕消费和投资两个范畴，其中，消费项包括食物、耐用品；投资项包括健康、教育、生产直接投资和礼金。考虑到各支出项并非每一阶段都会发生，因此为了尽量减少调查数据的误差，食物支出项统计的是过去一个月的花费，而耐用品、健康、教育、生产投入和礼金的支出统计的是过去一年时间里的花费。

在分析农户支出类别选择影响因素时，以农户"是否在该项发生支出"为因变量，在这几项上有相应支出的取 1，没有相应支出的取 0。考虑到食物支出是家庭的必要支出，不存在样本选择问题，因此被排除在外。在分析汇款对家庭支出系统的影响时，以各类支出占总支出的比例为因变量。根据前文计量设置，这两阶段回归的自变量主要包含家庭人口特征、资本特征和社区特征三部分，变量的设置与取值在表 6-1 中列出。

表 6-1　变量设置与取值

变量	变量设置	取值	
		均值	标准差
汇款作用			
直接效应	农户收到的汇款占总收入的比重	0.17	0.26
间接效应	农户家庭总收入的对数	8.58	0.97
家庭特征			
人口特征			
老人数量	家中 65 岁以上人口的数量	0.30	0.56
孩子数量	家中未成年子女(16 岁以下)的数量	0.67	0.82
户主年龄	户主的年龄	45.41	12.02
自然资本			
人均耕地数量	家庭人均拥有的耕地面积(单位:亩/人)	14.18	12.71
人均林地数量	家庭人均拥有的林地面积(单位:亩/人)	34.63	56.78
人力资本			
劳动力数量	家庭所拥有的劳动力的数量	3.04	1.21
平均教育年限	家庭劳动力的平均受教育年限(年)	6.20	2.67
地理位置			
房屋靠近公路	房屋所在的位置是否靠近公路	0.17	0.38
风险变量			
遭受过灾害	过去一年是否因自然灾害而导致减产和收入受损	0.66	0.47
社区特征			
是否在保护区内	农户所在社区是否靠近或在保护区以内	0.71	0.45
人均收入	农户所在社区的人均收入(单位:千元)	1.03	0.42
到镇上的距离	农户所在社区距离乡镇的距离(单位:十公里)	1.83	1.52

汇款的作用选取"汇款占总收入的比重"和"总收入的对数"分别代表汇款的直接效应和间接效应。考虑到家庭收入是影响支出的最重要、最基

本因素，同时汇款也是家庭收入的重要组成部分，如果选取汇款数量为另一主变量的话会产生共线性。因此，本书选取"汇款占总收入的比重"既能体现汇款对家庭收入的贡献程度，也避免了共线性的问题。

　　控制变量包括家庭特征和社区特征两类。家庭特征包括人口特征、自然资本、人力资本、地理位置和风险变量等。该部分的信息来自问卷调查中关于家庭人口信息和生计资本的调查信息。人口特征选取"老人数量""孩子数量"和"户主年龄"三个变量。家中老年人和孩子是家中消费人口的代表，很大程度上影响着家庭支出的方向，户主年龄在某种程度上代表了家庭所处的生命周期。自然资本选取"人均耕地面积"和"人均林地面积"，耕地和林地的数量是衡量山区农户所拥有的生产性自然资源的重要指标。人力资本选取"家庭劳动力的数量"和"劳动力平均受教育年限"，分别用来衡量农户人力资本的数量和质量。这两类资本是影响家庭收入和生产性支出的重要因素。此外，考虑到在山区，农户居住得较为分散，家中房屋所在的地理位置影响其通往市场、医院、学校等场所的便利程度，本书选取"家中房屋是否靠近公路"为指标进行测度。在西部山区，自然灾害发生的频率较高，对农户的生产生活造成极大的影响。当自然灾害发生以后，农户的消费倾向及生产积极性往往受到影响。因此，本书选取上年"遭受过灾害"为指标来测度家庭的风险情况。

　　社区特征包括"到镇上的距离""是否在保护区内"和"人均收入"三个指标。第一个指标代表着该农户所在村庄到商店、农产品加工点的便利程度，这些地方也是农户出售农林产品和购买日常生活用品的场所，在一定程度上充当着市场的角色。而在调查地，市场的角色相对简单，只是满足农户日常生活和生产的最低需求，更确切地来讲是一个"集市"。"是否在保护区"直接关系到农户对自然资源的使用以及相应的生产行为是否受到限制，而这是决定农户对生产投入的态度和倾向的重要因素。社区"人均收入"指标是衡量农户所在社区的经济发展程度，也是影响农户支出态度和水平的重要因素。

第二节　研究结果

　　本部分的实证包含三部分，分别为解决变量内生性问题、农户支出的样本选择问题和对汇款影响农户支出的分析。首先，以该内生变量为因变量，并以所选取的工具变量和其他控制变量一起作为自变量放入模型中进行 Probit 回归，之后对因变量进行预测；其次，将预测值和迁移变量引入农户支出影响因素的 Probit 回归，并计算 IMR；最后，将内生变量的预测值和 IMR 一起放入分析汇款对农户支出影响的 3SLS 方程，进行 SUR 估计。

一　农户支出现状描述

表 6-2 提供了农户各项支出的水平和分布情况。总体来看，首先食物项支出所占比重最高，接近总支出的一半；其次是在教育和健康项上的支出，分别为 17% 和 14%，而用于耐用品、生产投入和礼金上的支出所占比例较低，均不足 10%。迁移户和非迁移户的情况与总体样本基本一致。

表 6-2　农户支出水平与结构描述

支出项		总体		迁移户		非迁移户		t 检验
		均值	标准差	均值	标准差	均值	标准差	
食物	数量（单位：元）	4133.1	3109.1	4321.1	3680.2	3883.1	2101.9	**
	占总支出比例	0.46	0.23	0.45	0.24	0.47	0.22	ns
耐用品	数量（单位：元）	1591.2	7192.8	2075.8	8822.8	946.8	4048.3	***
	占总支出比例	0.07	0.17	0.08	0.18	0.05	0.14	***
健康	数量（单位：元）	2045.4	5314.4	2369.2	5948.4	1614.9	4298.8	**
	占总支出比例	0.14	0.18	0.15	0.19	0.13	0.17	*
教育	数量（单位：元）	2440.2	4480.4	2393.8	4823.5	2501.9	3982.9	ns
	占总支出比例	0.17	0.21	0.16	0.21	0.18	0.21	**
生产投入	数量（单位：元）	2227.1	14575.8	2113.4	13784.3	2378.1	15580.2	ns
	占总支出比例	0.09	0.13	0.08	0.12	0.10	0.13	***
礼金	数量（单位：元）	1019.7	3323.3	1208.7	3928.8	768	2261.6	**
	占总支出比例	0.08	0.10	0.08	0.11	0.07	0.08	**
总支出（单位：元）		13456.9	20103.4	14482.3	21535.4	12093.3	17956.4	**

注：（1）t 检验用于检验均值，***，$p < 0.01$；**，$p < 0.05$；*，$p < 0.1$；ns，$p \geq 0.1$；
（2）表中数据均为调查时点所统计的农户在过去一年里的支出情况。

通过对比迁移户和非迁移户两类样本可以发现：迁移户的总支出水平显著高于非迁移户；此外，迁移户在耐用品上的支出水平是非迁移户的两倍多，在总支出中所占比重也显著高于非迁移户；迁移户在健康项上的支出水平和其占总支出的比重都显著高于非迁移户;在教育支出项和生产投入项上,迁移户的支出水平均低于非迁移户,但两者差异并不显著。在"红白事儿"礼金等人情消费项上,迁移户的支出水平和其占总支出的比重要显著高于非迁移户。

二 外出务工的影响因素分析

本书旨在分析劳动力迁移对家庭支出的影响,而家庭成员外出务工的内生性问题必须考虑,特别是基于截面数据的分析。为了克服"迁移"的内生性,本书用到了工具变量法。首先,将内生变量(是否外出务工)作为因变量,之后用所选的工具变量及其他控制变量一起作为自变量,放入Probit模型进行回归,并对内生变量值进行预测。基于以往的文献,考虑到社区层面的务工情况对家庭劳动力外出具有非常重要的作用,但同时不会对农户的汇款及支出产生影响,因此选取了"社区外出务工劳动力所占比重"作为工具变量。从社区层面来看,外出务工的劳动力越多,所起到的网络和带动效应越大,外出务工的群体是社区内重要的信息源,同时也是一种社会资源,在一定程度上能够帮助外出务工者在寻找工作时扩展信息来源,降低心理成本以便能快速的就业(畅红琴和董晓媛,2009;李琴和宋月萍,2009)。

表6-3为农户家庭劳动力参与外出务工的Probit回归。结果显示,社区外出务工劳动力所占比重对家庭中的劳动力参与外出务工有着显著的正向影响。因此,所选变量可以用来作为迁移的工具变量。在选定工具变量之后,根据Probit的回归结果预测农户参与外出务工的可能性,并用于进一步的分析。

三 支出类别选择的影响因素分析

将"迁移"这一内生变量的预测值,连同其他自变量和控制变量,一起放入农户支出类别选择影响因素的Probit回归。表6-4列出了家庭支出类别选择影响因素的Probit回归结果,考虑到食物支出是家庭的必要开支项,因此表6-4只包含对耐用品、健康、教育、生产投入和礼金项的支出选择。

表 6 – 3　参与外出务工的 Probit 回归结果

自变量	是否外出户	自变量	是否外出户
工具变量(IV)		家庭劳动力数量	0.09 ***
社区外出务工劳动力所占比重	0.43 ***	平均受教育年限	– 0.02 **
家庭人口特征		物质资产	
人口特征		生产工具数量	– 0.02 *
家中老人数量	0.01	房屋靠近公路	0.05
未成年孩子数量	– 0.06 ***	风险变量	
户主特征		去年受灾情况(否)	0.05
户主年龄	– 0.01	是	0.05
户主年龄平方	0.00	社区特征	
资本特征		靠近自然保护区	0.03
自然资本		人均收入(千元)	– 0.00
人均耕地数量	– 0.01 ***	LR chi2(14)	116.30 ***
人均林地数量	– 0.00	Pseudo R2	0.0802
人力资本			

注：***，p < 0.01；**，p < 0.05；*，p < 0.1。

表 6 – 4　家庭支出类别选择的影响因素回归

自变量	耐用品	健康	教育	生产投入	礼金
汇款作用					
直接效应	– 0.02	– 0.19 ***	– 0.07	– 0.10 ***	– 0.01
间接效应	0.02	0.01	– 0.01	0.03 ***	0.02
外出务工(预测值)	– 0.90 ***	– 1.11 ***	0.27	– 0.01	– 1.24 ***
家庭特征					
人口特征					
家中老人数量	0.00	0.05	– 0.07	– 0.03 *	0.06 *
未成年孩子数量	– 0.06	– 0.11 **	0.22 ***	– 0.04 **	– 0.04
户主年龄	– 0.00	– 0.01	0.04 ***	– 0.00	– 0.01 **
户主年龄平方	0.00	0.00	– 0.00 ***	0.00	0.00
自然资本					
人均耕地数量	– 0.00	– 0.01 ***	0.00	0.00	– 0.01 ***
人均林地数量	0.00	– 0.00 **	0.00	– 0.00	0.00
人力资本					
家庭劳动力数量	0.12 ***	0.08 *	– 0.12 **	– 0.03 **	0.15 ***

自变量	耐用品	健康	教育	生产投入	礼金
平均受教育年限	0.02 ***	0.00	0.06 ***	0.00	0.02 ***
地理位置					
房屋靠近公路	0.02	0.04	0.01	- 0.03 *	0.04
风险变量(去年受灾情况)					
遭受过灾害	0.02	0.06 *	0.06	0.02	0.20 ***
社区特征					
靠近自然保护区	0.18 ***	0.13 ***	- 0.07	- 0.02	0.04
人均收入	0.17 ***	- 0.33 ***	0.07	0.01	- 0.24 ***
到镇上的距离	0.45 ***	0.00	- 0.00	0.01	- 0.00
LR chi^2(14)	127.19 ***	153.70 ***	335.24 ***	69.63 ***	161.47 ***
Pseudo R^2	0.1067	0.1224	0.2306	0.1423	0.1643

注：*** ，p<0.01；** ，p<0.05；* ，p<0.1。

从回归的结果来看，外出务工对家庭在耐用品、健康和礼金支出选择上的决策有显著的负向影响，而对教育和生产项上的支出选择并无显著影响。可见，迁移可能性的提高降低了家庭在耐用品、健康和礼金项上发生支出的可能性，参与外出务工的可能性并未对教育和生产项上的支出决策发生作用。

另外，汇款的直接效应在家庭健康和生产投入上的支出表现为显著的负向影响。也就是说，汇款占家庭总收入的比重越高，农户选择在健康项和生产项上发生支出的可能性越小；但汇款的直接效应在耐用品、教育和礼金的支出决策上并未表现出显著的影响。也就是说，现金收入越多，农户在健康和生产上支出的可能性反而降低，而同时现金收入的增加并未给家庭在耐用品、教育和礼金项支出上的决策产生影响。

汇款的间接效应在生产投入决策上表现出显著的正向影响，也就是说，家庭的收入水平越高，农户在生产上进行投入的可能性越大；同时，汇款的间接效应对家庭耐用品、健康、教育和礼金支出决策并无显著影响。可见，随着汇款量的增加，它所影响的家庭总收入的增加会增大农户在生产项上投入的可能性，但对其他的耐用品、健康、教育和礼金项并无显著影响。

四 支出比重的影响因素分析

为了分析汇款对家庭支出系统的影响，根据家庭支出选择的 Probit 回归结果，计算出各个方程的 IMR，之后将 IMR 和外出务工的预测值作为自变量放入家庭支出方程组，进行三阶段回归，所选的估计方法为似然不相关法。回归结果见表 6 - 5。

表 6 - 5　汇款对家庭支出影响的三阶段回归结果

自变量	食物	耐用品	健康	教育	生产投入	礼金
汇款作用						
直接效应	0.09 ***	0.00	0.00	0.01	- 0.10 ***	0.00
间接效应	- 0.03 ***	0.00	- 0.01 *	- 0.02 ***	0.05 ***	0.00
外出务工(预测值)	0.37 ***	- 0.09	- 0.31 ***	0.24 ***	- 0.16 **	- 0.05
家庭特征						
人口特征						
家中老人数量	0.00	0.01	0.01	0.00	- 0.01	0.00
未成年孩子数量	0.06 ***	0.00	- 0.05 ***	0.01	0.00	- 0.02 ***
户主年龄	0.00	0.00	0.00	0.01 ***	0.00 **	0.00 **
户主年龄平方	0.00	0.00	0.00	0.00 ***	0.00 **	0.00 **
自然资本						
人均耕地数量	0.00 ***	0.00	0.00 ***	0.00	0.00 *	
人均林地数量	0.00	0.00 *	0.00 **	0.00 *	0.00 *	
人力资本						
家庭劳动力数量	- 0.01	0.03 **	0.02	- 0.05 ***	0.01	
平均受教育年限	- 0.03 ***	0.00	0.00	0.02 ***	0.00	
地理位置						
房屋靠近公路	- 0.03 *	0.02 **	0.02	- 0.01	- 0.01	
风险变量(去年受灾情况)						
遭受过灾害	- 0.02	- 0.03 ***	0.03 **	0.01	0.00	0.02 **
社区特征						
靠近自然保护区	- 0.04 **	0.05 ***	0.03 **	- 0.05 ***	0.01	
人均收入	0.04 *	0.05 ***	- 0.09 ***	0.04 ***	- 0.03 **	- 0.01
到镇上的距离	0.00	0.00 *	0.00	0.00	0.01 **	0.00
IMR	／	0.12 ***	0.06 ***	0.11 ***	0.03 ***	0.04 ***
R^2	0.179 ***	0.468 ***	0.218 ***	0.509 ***	0.144 ***	0.139 ***

注：*** ，p<0.01；** ，p<0.05；* ，p<0.1。

从表 6 - 5 可以看出，劳动力迁移对农户用于食物、健康、教育、生产投入项上的支出比例有着显著的影响。其中，外出务工对食物和教育项上的支出比重有着显著的正向影响，对健康和生产投入上的支出比重有着显著的负向影响，而外出对耐用品和礼金支出的比重无显著影响。也就是说，随着农户家庭成员参与外出务工可能性的增加，农户在食物和教育上的支出比重也随着增加。与此同时，在健康和生产投入中的支出比重则随之降低，而耐用品和礼金支出的比重并不受外出可能性变化的影响。

此外，汇款在食物和生产投入项的支出比重有着显著的直接效应，但两者的作用方向完全相反。随着汇款数量的增加，它作为农户的一种现金收入对家庭在食物上的支出比重有着显著的正向影响，而对家庭在生产上的支出比重有着显著的负向影响。与此同时，汇款在耐用品、健康、教育和礼金项上的支出比例无显著的直接效应，也就是说，直接增加农户的现金收入并不能对农户投入耐用品、健康、教育和礼金项的比例产生影响。

汇款对食物、健康、教育和生产投入的支出比例有着显著的间接效应，对耐用品和礼金支出比重无显著影响。这种间接效应对食物、健康和教育支出比重有着显著的负向影响，而对生产投入项的支出比重有着显著的正向影响。也就是说，随着汇款增加所带来的家庭总收入的增加，农户在食物、健康、教育的支出比重会呈现降低的趋势，而农户在生产投入上的支出比重会逐渐上升。另外，家庭总收入的增加并未给礼金和耐用品支出项的投入比重带来变化。

第三节　讨论和总结

一　讨论

通过描述性统计分析可以看出，当地农户在食物项上的支出比例达46%，非迁移户家庭的支出比例高达47%。城镇居民的家庭支出以消费支出为主，而农户既是消费单位，同时也是生产单位，总支出的结构与城镇居民相比有着很大的不同，包含了生产投入支出和消费支出。同时，农户的食物消费很大一部分来自自己的生产，现金支出所占比例相对较少。从这个角度来看，如果排除生产项支出，并将食物消费中来自生产所得的实物部分计算在内，农户的食物项支出占消费支出的比例将远远超过46%。统计资料显示，2008年我国城镇居民家庭食品支出占消费总支出的比重为37.1%，农村居民家庭的食品支出比重为43.7%（中华人民共和国国家统计局，2009）。可见，当地农户在食物项上的支出比重远远高于2008年农村居民家庭食品支出的平均水平。当地的贫困程度较为严重，温饱问题是农户首要考虑的。农户接近50%的支出被用于食物支出，用于其他项支出的空间便被大幅度挤占。在西部地区，用于孩子的教育和家庭成员看病等健康的支出又有一定程度的刚性，因此，农户投入家庭耐用品、生产和社会资本投资的支出比例就更小了。

通过对迁移户和非迁移户的描述性统计对比可以看出，外出务工获得的汇款收入直接促进了家庭支出的增多，这些钱更多的是被用在消费项而不是用于投资项。首先，这些钱被用于食物开支以解决温饱，其次，这些收入被用来投入耐用品、健康和礼金等项的支出，同时也发现，教育和生产等投资项的支出水平和比重却出现一定程度的缩减。这一现象的出现是当地贫困所致，这也是外出务工成为当地重要生计活动之一的主要原因，更加验证了当地农户参与外出的主要目的是摆脱"经济约束"以提高收入来解决"温饱"。所以，随着收入的提高，带来了食物、耐用品、健康和礼金等支出的增加，而用于教育和生产项的支出却相对减少了。另外，迁移对于家庭在本地的生产有着一定的替代性，投入更多的成员外出务工能获得更多的汇款收入，而本地的生产投入却由于低效而被进一步忽视，同时被忽略的还有教育的支出，多数人看到了外出增加收入的短期效果，却忽略了这种增收行为的可持续性是需要靠人力资本的提高才得以确保的。

回归结果证实，外出务工带来的汇款以及总收入提高给予家庭各类支出的影响，并在一定程度上验证了描述性统计的结论。

从支出类别的影响因素和支出水平的影响因素分析中可以看出，汇款对家庭收入的贡献率越大，即家庭越倚重外出务工和汇款维持生计，农户选择将汇款用于生产活动项上的可能性就越低，其更倾向于将这笔现金投入到食物消费支出上。随着食物项的支出增加，其所占的比重也不断提高，同时生产投入上的比重自然随之下降。可见，汇款作为农户的一项现金来源被更多地用来消费，特别是用在食物的支出上，在当地生产和生活等基础设施薄弱的情况下，农户更关心自己家庭的温饱而不去考虑改善生活和生产条件。这一方面是当地的农林生产活动受到严格的退耕还林和水源地保护政策的限制，另一方面也充分体现了外出务工对于农林传统生产活动的替代性。

然而，汇款对农户支出的间接效应同汇款的直接效应发生了相反的作用，同时受汇款间接作用影响的支出项更多，而不仅限于食物消费和生产投入项，还包括对健康和教育的支出。但从汇款对于食物和生产投入这两项的影响系数来看,直接影响的系数大于间接影响的系数。因此,总的来说,汇款作为家庭的一笔现金收入,对于家庭支出的直接作用要大于它通过总收入提高带来的间接作用。然而,随着家庭总收入的增加,人们用于食物方面的支出逐渐增加,但食物支出额的增长速度与收入的增长速度并不一致,且前者低于后者,即食物的平均消费倾向与边际消费倾向均逐渐减少,这种食物支出额与收入之间的关系呈上凹状。这一点也契合用于描述居民收入和食物支出之间的数量相关关系的"恩格尔定律"(张晓霞,2006)。进一步讲,随着汇款带来的家庭总收入的不断提高,农户用于食物上的支出所带来的边际效用递减,用于生产投入上的边际效用递增,此时,农户会提高对生产资本的投入。因此,当汇款带来的家庭总收入提高到一定程度时,农户用于食物的消费总量会提高,但相对比重却呈现下降的态势。同时,汇款会间接地对生产投入产生积极的作用,而这种间接作用只有当家庭收入增加到一定程度时才能体现出来。在此之前,外出务工对于农户当地的生产活动起到的更多的是替代作用,加上当地的许多生产行为受市场和政策的约束较大,使得汇款更偏向于被用来消费,而不是投资。

二 总结

本章将汇款对家庭支出的影响路径划分为直接和间接两部分,并利用在中国西部贫困山区的实地调查数据,分析了迁移及汇款对农户家庭支出的直接影响和间接影响。结果发现:1. 农户的食物消费和生产性投资同时受到汇款的直接影响与间接影响,健康和教育支出受到汇款的间接影响;2. 汇款在食物消费和生产性投资上表现出来的直接影响大于间接影响,且作用方向相反;3. 汇款作为现金收入更多的是被用于食物消费而不是生产性投资;4. 随着收入的增多,农户投入食物、健康和教育上的支出比例相对减少,而会相应地增加生产投入上的比例。可见,温饱是西部贫困山区农户首先关注的问题,而随着汇款的增多,家庭收入提高到一定程度的时候,农户才会关注和增加在生产项上的投入比例。

在西部集中连片贫困山区,贫困程度普遍严重,食物支出所占比例往往比较高,汇款作为现金收入直接被用于改善家庭的温饱,只有在家庭收入和资本积累到一定程度,以及周边环境允许的情况下,投资本地农业和非农生产才会成为可能。

第七章　结论与展望

本章主要包括四部分内容：首先，总结了本书的主要工作及其结论；其次，根据本书第四章至第六章的研究发现，提出促进农户生计可持续的公共管理政策建议；再次，总结了本书的主要创新点；最后对本书研究的局限性进行讨论，并对下一步的研究进行了展望。

第一节　主要结论

本书利用可持续生计框架和新迁移经济学的相关理论，综合管理学、经济学、社会学、公共政策等多学科分析方法，系统地研究劳动力迁移对贫困农户生计影响。在可持续生计框架的基础上，结合家庭人口动态变化的特征，将劳动力的迁移引入可持续生计框架中，并结合新迁移经济学的理论假设和西部山区的实际情况，构建了用来研究西部贫困山区劳动力迁移影响农户生计的整体分析框架，并在此基础上运用统计分析和计量经济学分析方法对农户的生计资本、生产策略和支出策略进行研究，主要结论如下：

第一，通过构建衡量西部贫困山区农户生计资本的指标，并对农户生计资本的量化和不同类型农户的对比发现，在西部贫困山区，迁移户与非迁移户的生计资本在数量上有显著差异。迁移户较之非迁移户有着较高的金融资本、人力资本和社会资本，但自然资本的数量却小于非迁移户的，可见迁移对于农户生计的影响并非体现在全部生计资本上。金融资本、人力资本、社会资本和自然资本受到迁移的影响较大，而物质资本受迁移的影响较小。

第二，通过实证检验劳动力迁移对农户生计资本的影响发现，家中是否有成员迁移对家庭生计资本的水平有着显著的影响，但不同类型的生计资本受到迁移的影响程度各有不同。迁移家庭最直接的收益就是迁移成员的汇款收入对家庭金融资本的提升；同时，迁移对家庭的另一直接影响便体现在农户的人力资本上，劳动力迁移使农户现存的人力资本得到有效配置并促进家庭人力资本的提高；另外，迁移的发生也带来了农户在本地以外的社会交往，社会资本也随之增加。由于当地恶劣的自然条件和严厉的生态政策，土地和林地的生产效率受到限制且改善的可能性不大，这也使迁移后留守家庭成员投入人力和物力在农林生产上的积极性不高，加之迁移带来了投入农林业生产的劳动力减少以及非农收入对传统农业生产收入的替代，迁移对自然资本表现出显著的负向影响便有了合理的解释。在控制了其他变量的情况下，结果显示迁移并未对物质资本产生显著的影响。这与调查地的自然条件有很大关系，当地所处深山，且基础设施差，户与户之间拥有的物质资本都十分匮乏且无显著差别。此外，当地交通和通信条件极差，部分调查的村庄还未通电，一半以上村庄内的道路还是原始山路，农户的外迁意愿强烈，家庭物质资本的积累也相应受到影响。

第三，针对参与劳动力迁移的家庭，通过对不同迁移特征影响农户生计资本的实证分析发现，外出人数、汇款总量、务工地点和户主的务工经历等迁移特征对农户不同的生计资本有显著的影响。家中外出人数不影响金融资本的积累，外出者年龄和在省外务工对金融资本的积累有着显著的负向影响。通过对省外务工者和非省外务工者两组人群的平均年龄比较可以看出，省外务工的人群较省内和本地务工的群组年龄轻，这说明多数年轻人外出务工的动机并不单纯以赚钱为目的，更多的是为了个人发展而选择外出，他们对于家庭的责任和支持不能用"利他性"假设来解释。在影响人力资本的迁移特征中，外出人数对人力资本有着显著的正向影响，而外出者平均年龄对人力资本有着显著的负向影响，汇款量和外省务工不影响人力资本。这说明，迁移这一行为直接引起家庭迁移成员的人力资本增值和存量的增加，而不是通过转换金融资本，投资教育和健康等提升人力资本；此外，年纪越小的劳动者，其学习能力强，接受新知识和思想进而提高人力资本的可能性越大，而年纪越大，人力资本的提高越难。外出人数、家庭年汇款总量和省外务工是影响社会资本积累的重要因素，而家中外出成员的平均年龄对社会资本的积累并无显著影响。可见，外出人数越多，其带来的外部社会资源越多，其社会规模越大；汇款除了用作生产和消费以外，在一定程度上被留守家庭用于日常的礼尚往来等社会交往活动，对于家庭社会资本的积累和提高有着积极的作用。影响农户自然资本的迁移特征是汇款和外省务工，两者都有显著的正向影响。虽然当地自然条件恶劣，生产效率低使得迁移对自然资本的影响呈显著负向影响，但汇款会对投入农林业的劳动力产生一定的替代。在迁移户样本中，汇款越多对于劳动力的替代作用越大，汇款较多的家庭，自然资本也随之增加。另外，汇款收入也被用来帮助留守成员租种平原上的地，这在当地也是非常普遍的现象。因为平原地区的土地适用于机械化生产，对劳动力的需求低，对资金的投入需求高。有成员在省外务工的家庭获得的支持不如从本地务工者所获得的支持显著，因而，外出务工的收入与自然资本的替代关系并不明显，更多的是表现出一种互补的关系。迁移的这一特征最终能强化农户生计并改善自然资源和获取自然资本。

第四，通过细分农户的务工类型来分析迁移对留守家庭成员选择参与不同生产活动的影响，发现在西部山区采取本地务工是一种保守型的策略。其更侧重于转移风险和克服经济约束，对于生产活动所需劳动力的供给具有灵活性，对其他生产活动更多地起到一种互补作用；外地务工是一种风险分散的策略，在转移风险的同时也对家庭生产活动的选择具有替代作用。在山区市场缺失的情况下，相比外地务工，本地务工表现出来的劳动力供给灵活性、高汇款倾向，更有助于农户突破发展的制约，增加参与非农业生产活动的可能性。家畜养殖和本地非农经营对农户的资金、劳动力和社会资本都有一定要求。本地务工有利于满足这些要求，促进农户从事这些本地生产活动。而在本地劳动力市场缺失的条件下，外地务工提供的资金积累并没有抵消其因劳动力分流而产生的负面影响。就农业生产而言，农户决策如经济作物的种植更多地受退耕还林政策的影响。

第五，通过分析参与本地和外地务工的劳动力数量对留守成员在其他生产活动中获得的收入的影响发现，无论本地务工还是外地务工，过多的劳动力外出务工都会减少本地其他活动的收入水平。虽然参与本地务工有利于农户从事本地其他生产活动，但这种工资性劳动供给并不利于其他本地生计收入水平的提高。因为虽然本地务工相对能够兼顾其他活动，但对本地生计活动的劳动力供给始终存在替代性。只不过相对于外地务工，这种替代程度相对较低。同时，工资性劳动供给也会产生收入效应。即在收入增加的情况下，农户的闲暇价值将会提升，反而会妨碍其他生产性收入的增加。西部贫困山区市场缺失，粮食生产不可或缺。在退耕政策的影响下，林（经济）作物生产也逐渐演化成与粮食生产相同的地位，并成为其他非农生产活动的有益补充。总的来讲，外地务工对于当地非农活动的替代作用更明显。

第六，通过对不同农户支出分布及支出水平的纵向与横向对比发现，当地的贫困程度较为严重，温饱问题是农户家庭首要考虑的中心。这一点突出表现在食物支出所占家庭支出的高比重大幅度挤占了用于其他项的支出空间。同时，外出务工获得的汇款收入直接促进了家庭支出的增多，这些钱更多的是被用在消费项而不是用于投资项。首先，这些钱被用于食物开支以解决温饱；其次，这些收入被用来投入耐用品、健康和礼金等项的支出；同时也发现，教育和生产等投资项的支出水平和比重出现一定程度的缩减。

第七，通过分析汇款在家庭支出选择和支出水平的直接效应发现，汇款作为现金收入更容易被用来投入食物消费，而不是生产。汇款对家庭收入的贡献率越大，即家庭越倚重迁移和汇款维持生计，农户选择将汇款用于生产活动项上的可能性就越低，其更倾向于将这笔现金投入增加食物消费支出上。随着食物项支出的增加，其所占的比重也不断提高，同时生产投入上的比重随之下降。可见，汇款作为农户的现金收入来源更多地被用于消费，特别是食物支出。在当地生产和生活等基础设施建设薄弱的情况下，农户更关心自己家庭的温饱而不去考虑改善生活和生产条件。这一方面是由于当地的农林生产活动受到严格的退耕还林和水源地保护政策的限制，另一方面也充分体现了外出务工对于农林传统生产活动的替代。

第八，通过分析汇款在家庭支出选择和支出水平的间接效应发现，汇款通过影响家庭总收入而给农户支出带来的间接效应同汇款作为现金收入的直接效应发生了相反的作用。同时受汇款间接作用影响的支出项不仅包含食物消费和生产投入项，还包括对健康和教育的支出。因此，汇款作为家庭的现金收入，对家庭支出的直接效应大于间接效应。随着家庭总收入的增加，农户用于食物上的支出所带来的边际效用递减，农户的支出行为更契合"恩格尔定律"。同时，用于生产投入的边际效用递增，农户会提高对生产的投入。因此，当汇款带来的家庭总收入提高到一定程度时，农户用于食物的消费总量会提高，但相对比重呈现下降态势。同时，汇款会间接对生产投入产生积极作用，而这种间接作用只有当家庭收入提高到一定程度时才会有所体现。而在此之前，迁移对于农户在流出地的生产活动更多地起到替代作用。加上当地的许多生产行为受市场和政策的约束较大，使汇款更偏向于被用于消费，而非投资。

第二节 政策建议

本书聚焦中国西部贫困山区劳动力迁移与农户生计，探索了作为家庭整体决策的劳动力迁移对农户可行能力的影响机制，并通过劳动力和资金的双向迁移，深入地剖析了迁移对流出地成员在生产和支出的决策过程中的影响路径，进而综合反映了受劳动力迁移影响的农户生计全貌。结果表明，由于受外部环境和本身条件的限制，劳动力迁移带给农户生计资本的提升是片面的和不均衡的，要想全面提高农户的自我发展能力，并发挥迁移对于农户生产和福利的积极作用，还需要提供一定的外部环境支持和强有力的政策干预。同时，必须改变以往针对扶贫或者环保单一领域的政策，设计"一揽子"的集扶贫、开发、环保、教育与健康于一体，具有综合性、协调性、兼顾性和包容性的措施。因此，本研究提出以下建议：

第一，从代表农户"可行能力"的五大生计资本入手，以提升农户的"自我发展能力"为出发点，而不是单纯地输送资源和资金。同时结合本书所研究的劳动力迁移，为这种家庭和外界的"资源交换"行方便之门。本书的研究发现，通过劳动力的外出务工，农户有了获得外部资源的机会，但这种外部资源很少能转化为当地生计活动的生产力。这是因为当地缺少实现这一转换的外部环境，尤其是在公路、水利和电力资源等基础设施严重不足的条件下，即使农户本身具备了一定的"可行能力"，但外部约束会令这种能力变得并不可行。本书的调查发现，西部山区的物质资本过于贫乏，这种状况直接导致农户正常的生产和生活无法保障，同时也严重影响了各类生计资本之间的转化和积累，使农户长期处于一种低效率的发展状态中，很难摆脱。所以，加大基础设施的建设，提高水、电和公路这些基本设施的覆盖范围，才能为农户生产生活提供最基本的保障，同时也为农户的发展提供基本的条件和支持。

第二，新迁移经济学的一个重要假设条件便是市场缺失，市场的缺失往往令农户的生产与消费变得不可分，而成为农户发展生产的掣肘，这里的市场主要是指劳动力市场。当家庭成员为了获取更多的收入而发生迁移时，他们更多想到的是到外部市场上去出售自身的劳动力以获取收入进而维持生计，然而，迁移本身也会导致家庭劳动力在一定程度上的缺位。虽然资金的回流在一定程度上弥补了劳动力缺失，但一个前提条件是健全的劳动力市场的存在，让有需要的农户也可以成为本地劳动力的"雇主"。本书的研究发现，由于当地的农林作物生产效率低，迁移对当地农林业生产影响不大，但对养殖和自营等非农活动有一定的影响，甚至由于家庭资金约束的放松从而对他们参与这些非农活动还有一定的促进作用。但由于迁移导致劳动力的不足，在没有健全劳动力市场来弥补这种不足的情况下，会严重影响农户在这些非农生产活动中的收入。

第三，研究发现，在西部贫困山区，非农自营活动同迁移一样，也是农户的重要收入来源。但在外部环境不支持的情况下，迁移并不能给农户的生计带来根本上的促进。但非农自营作为一项本地生产活动，它的发展可以起到更好的带动作用，无论是在家庭内部还是农户之间。但实际上，从事非农自营的比例却很低，一方面是由于参与非农自营活动有一定的资金准入门槛，而普通家庭在缺少外界支持或自身发展条件无法逾越这一门槛时，要突破这种限制并非易事。另一方面，从劳动力流出的角度来看，家庭成员参与迁移对农户参与非农生产活动有一定的替代作用，但从资金流入的角度来看，迁移对非农生产活动又有一定程度的促进。最终哪股力量成为农户参与非农自营的主导因素，还取决于外部环境，特别是决定农户直接参与的资金力量的支持。因此，本书建议除了外出务工，要鼓励农户发展当地的非农自营活动以发挥它的带动效应，而这就更需要得到相关财政政策和信贷措施的支持。在汇款对农户生产投入发生间接作用之前，相关部门和组织要加大对农户自主非农、农业创新等活动的扶持力度，从资金和技术上为农户提供便利。这也是引导农户自主脱贫，并创造当地可持续生计的有效途径。

第四，相关环境保护政策的制定应综合考虑和权衡生态环境保护与农户收入多样化的关系，才能更好地解决生态环境保护和农民增收，促进可持续发展。在水源地和生态林保护区内，非农必须受到严格限制，而采取措施以鼓励外地务工则更有利于当地环境的保护。对于保护区外，则应加大对基础设施建设，进一步完善资本和劳动力市场，在降低非农生计活动市场准入门槛的同时也能为农户提供更多本地非农自营的机会。这样才能更好地发挥本地务工对农户生计策略多样化的积极作用。

第五，通过本书的研究，我们也在此呼吁相关政策的制定者，惠农政策的关注点应该集中在农户的基本消费，以及在此基础上提高农户投资生产的积极性和可能性。从家庭的支出结构来看，之前出台的"家电下乡"等措施是值得商榷的，或者说要因地制宜。特别是在贫困地区，农户尚不具备"奢侈品"消费的能力，农户的资金更多地被用于食物等基本消费。类似的政策会盲目引导农户将有限的资金投入"奢侈品"消费中，从而进一步丧失可持续发展的能力。

第六，在本书的研究中也发现一些观念上的误区，需要政府进行提倡和呼吁的同时，更需要在政策层面强制执行和推动，即始终不能松懈对教育的投入。普及义务教育的同时，必须加大对职业和技能培训的力度。本书的研究发现，家庭成员外出务工确实在很大程度上改善了农户的生活条件和水平，同时也带来了很多负面的影响。然而很多农民并未意识到这种依靠出卖劳动力的行为只是在转型时期特有的现象。从长远的角度来看，要实现生计的根本转变和可持续发展，还是需要依靠自身技能和知识水平的提高，而目前这种"短视"的观念在不少农户中都存在，认为读书不如早点出去打工挣钱，甚至将打工视为读书的一种替代行为。而从研究中发现，有一定技能或受过培训的劳动力有更大的选择权。无论是外出务工或者留在家里从事非农自营活动，技能都起到了重要的促进作用。因此，从长远的发展来看，教育的力度始终不能松懈。

第三节　主要创新点

本书在理论分析、构建分析框架和实证研究的基础上，取得以下四个重要的创新点：

第一，提出了分析西部贫困地区劳动力迁移影响农户生计的框架。论文借鉴了可持续生计框架的思想，并基于新迁移经济学相关理论和假设，将迁移视角引入可持续生计框架，构建了研究劳动力迁移影响农户生计的整体分析框架，并在中国西部贫困脆弱的背景下将其细化。结合中国劳动力迁移的独特性及相关研究，本书从生计资本、生产策略和支出策略三个方面入手分析外出后农户生计的变化，从而更好地符合中国西部贫困山区的生计特征。

第二，构建了测度西部贫困山区农户生计资本的指标。并在对生计资本量化的基础上，分析了西部贫困山区农户劳动力迁移对生计资本的影响机制。结合西部山区的实际情况，本书构建了测度农户金融资本、物质资本、自然资本、人力资本和社会资本的指标体系，用以量化农户各类资本的水平和质量。之后，实证检验了劳动力迁移对各类生计资本影响的存在性，并进一步探索了不同的迁移特征对资本的影响机制。结果发现，迁移在一定程度上提升了农户家庭的生计资本，农户的迁移方式和特征影响着代表其发展能力的生计资本的获得和使用，但这种提升和积累是片面的和不均衡的。迁移直接影响金融、人力、社会和自然资本，而物质资本作为农户生产和生活的重要条件，并不受迁移的影响。西部贫困山区基础设施薄弱，市场缺失等自然条件和客观环境无法为这种资本转换提供充分的保障和外部支持，要想全面地发挥迁移对于农户生产和生活的积极作用，提高农户的自我发展能力，还需要提供一定的外部环境支持和干预。

第三，提出了农户的生产策略包括从生产活动参与到获得收入两个阶段。在此基础上，从劳动力和资金可及性的角度分析迁移对农户生产策略的影响，探索了本地和外地两种务工类型对农户生产策略两个阶段的影响机制。本研究结合西部山区实际背景，细分了农户家庭劳动力迁移和流出地生产活动的不同类型，并探索了参与不同的务工方式对农户选择参与各类生产活动的影响，以及不同的务工人数对农户各类生产活动收入水平的影响。家庭劳动力参与外地务工虽然有利于家庭的资金积累，但在一定程度上会阻碍流出地非农生产活动的参与和劳动力供给；本地务工在促进资本积累的同时，对参与林（经济）作物种植、养殖和自营等生产活动有显著的促进作用，但过多的劳动力迁移仍然会减少本地其他活动的收入水平。

第四，从收入的两个维度探索了汇款对于家庭支出的影响，发现了汇款在生产项和消费项支出上的不同效应和影响机理。通过改进贫困农户的支出模型，探索了汇款可能影响农户支出的直接路径和间接路径。在农户的支出系统中，食物消费和生产性投入同时受汇款的直接影响与间接影响，汇款在食物消费和生产性投入上表现出的直接效应大于间接效应，且作用方向相反；汇款作为现金收入更多的是被用于食物消费而不是生产投入，但随着汇款增加带来的总收入水平的不断提高，农户用于消费的支出比例相对减少，而用于生产投入的支出比例才逐渐增加。

第四节　研究展望

本书对劳动力迁移背景下西部贫困山区农户的生计进行了系统而深入的研究，虽然取得了一些有价值的成果，同时也存在一定的局限性。在总结研究局限性的基础上，本书认为进一步的研究工作包括：

（1）克服数据的限制。本书实证部分是研究基于横向截面数据完成，而非纵贯数据，用在分析迁移带来的影响，特别是对生计资本的研究中，迁移决策的内生性难以克服，在分析因果关系时需要较强的假定。这使得该研究无法更深入探索迁移对农户的直接影响和其中的机理。因此，未来的研究可采用样本跟踪调查的方法以便更好地检验本书的框架。另外，如果有不同省市地区的数据，可以做地区间的比较研究，有利于进一步验证整体框架和理论分析结果。

（2）生计策略的扩展。本书将农户的生计策略集中在生产和支出两个主题之上，作为主要的经济活动，这两个方面基本涵盖了农户生计的全貌，因此被用作生计策略代表。但在原有的可持续生计框架中，生计策略不仅局限于生产和消费领域，还包含农户的再生产行为。作为生计的重要组成部分，生育观念及再生产选择也影响着农户的生产和支出决策，它们本身也构成了一个重要的研究领域，因此，在本书生计策略的基础上，未来对可持续生计框架中的相关生计策略进行扩展，相关的问题值得继续探讨。

（3）作用机理的深入。在本书的整体框架中，受家庭劳动力迁移影响的农户生计经历了从资本到选择，再到后果的一系列反应，各部分之间不仅相互联系，而且层层递归。生计资本既是迁移的切入点，也是生计链条发生变化的起点，生计资本的变化直接导致了农户进行生产和支出决策的不同选择，但考虑到本书的主题是以迁移为主线，因此并未对生计资本在生产和支出决策中的作用，以及生产策略的后果做出过多的描述和分析，只是将它们作为分析迁移、劳动力和汇款对农户生计影响的控制变量去考察。此外，五大生计资本之间也存在彼此作用和相互转换的关系，下一步的研究将考虑这些不同因素和决策之间的相互影响，以更全面地剖析农户生计策略的形成机理。

（4）适用性的增强。全文的分析是围绕第三章在相关理论和研究的基础上所构建的总体框架，之后又结合西部贫困山区的实际情况加以细化，最后利用在调查地所获取的一手数据对框架进行了实证检验，相关结论的适用范围仅限于调查所在的西部贫困山区以及较之相类似的广大西部贫困地区，而对于平原和东部等其他地区，由于迁移与生计的特征差异明显，因此不具有广泛的实用性。但本书的研究方法与路径对类似问题的研究还是有一定借鉴意义的。特别是本书所搭建的总体框架，对迁移问题的研究有一定的指导作用和参考价值。

参考文献

安迪：《云南省生物多样性与传统知识研究会社区生计部研究报告2》，2004。

敖德玉、黄雪梅、周相勇：《农村劳动力转移对农村的影响—对农民外出务工现象的分析》，《安徽农业科学》2006年第23期。

包宗顺、霍丽玥：《农村劳动力转移的国际借鉴研究》，《江海学刊》2004年第3期。

蔡昉、白南生：《中国转轨时期劳动力流动》，社会科学文献出版社，2006。

蔡昉、都阳、王美艳：《户籍制度与劳动力市场保护》，《经济研究》2001年第12期。

蔡昉、都阳：《迁移的双重动因及其政策含义——检验相对贫困假说》，《中国人口科学》2002年第4期。

蔡昉、都阳：《中国地区经济增长的趋同与差异》，《经济研究》2000年第10期。

蔡思复：《发展经济学概论》，北京经济学院出版社，1991。

曹利平：《农村劳动力流动对流出地的影响和效应探析——以河南省固始县为例》，《河南大学学报》（社会科学版）2009年第3期。

畅红琴、董晓媛：《中国农村劳动力外流对留守家庭成员时间分配的影响》，《世界经济文汇》2009年第1期。

陈传波、张利庠、苏振斌：《农户消费平滑与收入平滑——基于湖北省农村住户调查月度数据的分析》，《统计研究》2006年第9期。

陈传波：《农户风险与脆弱性，一个分析框架及贫困地区的经验》，《农业经济问题》2005 年第 8 期。

董召荣、姜长云：《农户内在因素对农户类型选择和分化的影响》，《安徽农业大学学报》（社会科学版）1996 年第 1 期。

都阳、朴之水：《劳动力迁移收入转移与贫困变化》，《中国农村观察》2003 年第 5 期。

都阳、朴之水：《迁移与减贫——来自农户调查的经验证据》，《中国人口科学》2003 年第 4 期。

杜鹰、白南生：《走出乡村：中国农村劳动力流动实证研究》，经济科学出版社，1997。

范剑平、王小广：《中国城乡居民消费结构的变化趋势》，人民出版社，2001。

方子节：《论我国农业劳动力的女性化趋势》，《经济问题探索》1998 年第 6 期。

冯仕政：《城乡人口流动对其农村来源地的影响》，《国外社会科学》1996 年第 1 期。

弗兰克·艾利思：《农民经济学——农民家庭农业和农业发展》，上海人民出版社，2006。

高乔明：《关于"务工经济"的几点理性思考》，《咨询与决策》2002 年第 5 期。

高小贤：《当代中国农村劳动力转移及农业女性化趋势》，《社会学研究》1994 年第 2 期。

国家统计局：《2013 年农民工监测调查报告》，中国统计出版社，2014。

韩喜平：《中国农户经营系统分析》，中国经济出版社，2004。

胡豹：《农业结构调整中农户决策行为研究》，浙江大学博士学位论文，2004。

胡初枝、黄贤金、陈志刚：《被征地农民可持续性生计评价初步研究》，《中国土地科学》2008 年第 8 期。

胡枫、李善同：《父母外出务工对农村留守儿童教育的影响——基于 5 城市农民工调查的实证分析》，《管理世界》2009 年第 2 期。

胡枫、史宇鹏、王其文：《中国的农民工汇款是利他的吗？——基于区间回归模型的分析》，《金融研究》2008 年第 1 期。

胡枫：《中国农村劳动力转移的研究：一个文献综述》，《浙江社会科学》2007 年第 1 期。

黄平：《寻求生存——当代中国农村外出人口的社会学研究》，云南人民出版社，1997。

蒋智华：《托达罗人口流动模型对我国农村剩余劳动力转移的启示》，《经济问题探索》2000 年第 5 期。

金雁：《可持续生计：完善南京贫困群体政策支持体系的重要方向》，《中共南京市委党校南京市行政学院学报》2005 年第 1 期。

孔祥智、钟真、原梅生：《乡村旅游业对农户生计的影响分析——以山西三个景区为例》，《经济问题》2008 年第 1 期。

赖存理：《农村劳动力流动及其对土地利用的影响：以浙江为例的分析》，《浙江学刊》2000 年第 5 期。

李斌、李小云、左停：《农村发展中的生计途径研究与实践》，《农业技术经济》2004 年第 4 期。

李斌：《生态家园富民工程"三位一体"项目对宁夏盐池县农户生计影响的研究》，中国农业大学博士学位论文，2005。

李聪、李树茁、费尔德曼：《劳动力迁移对于贫困农户生计资本的影响分析》，《人口与经济》2010 年第 6 期。

李聪、柳玮、冯伟林、李树茁：《陕南移民搬迁对农户生计策略的影响》，《中国农村观察》2011 年第 6 期。

李伏明：《中国传统社会中的生计观念》，《江西社会科学》2005 年第 7 期。

李立宏：《中国人口迁移的影响因素浅析》，《西北人口》2000 年第 2 期。

李琳一：《农户生计与资本配置的发展学研究——以宁夏盐池县青山乡研究为例》，中国农业大学博士学位论文，2004。

李强、毛学峰、张涛：《农民工汇款的决策，数量与用途分析》，《中国农村观察》2008 年第 3 期。

李强：《中国外出农民工及其汇款之研究》，《社会学研究》2001 年第 10 期。

李琴、宋月萍：《劳动力流动对农村老年人农业劳动时间的影响以及地区差异》,《中国农村经济》2009 年第 5 期。

李树茁、李聪、梁义成:《外出务工汇款对西部贫困山区农户家庭支出的影响》,《西安交通大学学报》(社会科学版)2011 年第 1 期。

李小建、周雄飞、郑纯辉:《河南农区经济发展差异地理影响的小尺度分析》,《地理学报》2008 年第 2 期。

李小建:《欠发达农区经济发展中的农户地为——以豫西山地丘陵区为例》,《地理学报》2002 年第 4 期。

李小云、董强、饶小龙:《农户脆弱性分析方法及其本土化应用》,《中国农村经济》2007 年第 4 期。

李小云、杨帆:《入世对我国少数民族妇女生计发展的影响》,《妇女研究论丛》2005 年第 1 期。

李小云:《中国新世纪财政扶贫资金的运行:瞄准与偏离》,英国发展部课题研究报告,2005。

刘正中、邬海燕:《农村外出务工者对其留守家庭影响分析》,《四川农业科技》2006 年第 11 期。

刘祚祥、胡跃红、周丽:《农村劳动力流动、人力资本积累与中国经济增长的源泉》,《经济问题探索》2008 年第 12 期。

柳建平、张永丽:《劳动力流动对贫困地区农村经济的影响——基于甘肃 10 个贫困村调查资料的分析》,《中国农村观察》2009 年第 3 期。

罗康隆:《论民族生计方式与生存环境的关系》,《中央民族大学学报》(哲学社会科学版)2004 年第 5 期。

纳列什、辛格、乔纳森:《让生计可持续》,《国际社会科学杂志》(中文版)2000 年第 4 期。

农业部农村经济研究中心课题组:《农村劳动力外出就业对农民、农业及输出地的影响与对策》,《中国软科学》1996 年第 2 期。

潘允康:《社会变迁中的家庭:家庭社会学》,天津社会科学院出版社,2002。

乔根森:《二元经济的发展》,《经济学杂志》1961 年第 6 期。

邵志忠、俸代瑜、陈家柳:《传统社区组织与农村可持续发展——传统知识与农村可持续生计行动调研报告之一》,《广西民族研究》2005 年第 1 期。

舒尔茨:《改造传统农业》,商务印书馆,1987。

宋圭武:《农户行为研究若干问题述评》,《农业技术经济》2002 年第 4 期。

孙国锋:《中国居民消费行为演变及其影响因素研究》,中国财经经济出版社,2004。

谭深:《家庭策略,还是个人自主?——农村劳动力外出决策模式的性别分析》,《浙江学刊》2004 年第 5 期。

谭深:《农民工流动研究综述》,《中国社会科学》2003 年第 4 期。

唐胡浩:《农民工流动原因探析及对流出地的影响——对坪坝营村农民工外出务工状况的调查报告》,《湖北民族学院学报》(哲学社会科学版) 2006 年第 6 期。

唐家龙:《论迁移是人力资本投资的伪形式》,《人口研究》2008 年第 5 期。

唐钧:《可持续生计与城市就业》,《中国劳动》2004 年第 2 期。

唐钧:《城市低保制度,可持续生计与资产建设》,《商洛师范专科学校学报》2005 年第 1 期。

唐钧:《城市扶贫与可持续生计》,《江苏社会科学》2003 年第 2 期。

田俊迁:《地力山土族生计方式与家庭经济结构》,《兰州大学学报》(社会科学版) 2008 年第 5 期。

魏津生:《国内人口迁移和流动研究的几个基本问题》,《人口与经济》1984 年第 5 期。

文军:《从生存理性选择到社会理性选择:当代中国农民外出就业动因的社会学分析》,《社会学研究》2001 年第 6 期。

吴继煜:《劳动力流动视角的人力资本效应认知》,《西北人口》2006 年第 6 期。

吴薇:《农村居民消费结构研究》,吉林大学博士学位论文,2009。

吴晓娜:《劳动力流动对农村经济影响的研究——对宝丰县调研结果的实证分析》,重庆大学硕士学位论文,2005。

国家统计局西安调查队:《2005 西安统计年鉴》,中国统计出版社,2006。

夏征农:《辞海》,上海辞书出版社,2002。

项飚、张静:《流动,传统网络市场与非国家空间》,浙江人民出版社,1998。

肖云、郭峰：《女性农民工"可持续生计"问题研究——以重庆市女性农民工为个案》，《农村经济》2006 年第 3 期。

徐明凯、徐鹏、杜漪：《对云南省彝良县农户生计资产现状的调查与分析》，《绵阳师范学院学报》2008 年第 12 期。

徐鹏、徐明凯、杜漪：《农户可持续生计资产的整合与应用研究——基于西部 10 县（区）农户可持续生计资产状况的实证分析》，《农村经济》2008 年第 12 期。

阎建忠、张镱锂、摆万奇：《大渡河上游生计方式的时空格局与土地利用/覆被变化》，《农业工程学报》2005 年第 3 期。

阎建忠、张镱锂、朱会义：《大渡河上游不同地带居民对环境退化的响应》，《ACTA GEOGRAPHICA SINICA》2006 年第 2 期。

杨云彦、石智雷：《家庭禀赋对农民外出务工行为的影响》，《中国人口科学》2008 年第 5 期。

杨云彦、赵锋：《可持续生计分析框架下农户生计资本的调查与分析——以南水北调（中线）工程库区为例》，《农业经济问题》2009 年第 3 期。

叶敬忠、王伊欢、张克云：《父母外出务工对留守儿童情感生活的影响》，《农业经济问题》2006 年第 4 期。

叶敬忠、王伊欢、张克云：《父母外出务工对农村留守儿童学习的影响》，《农村经济》2006 年第 7 期。

叶敬忠、张丙乾、饶静：《当前主要农产品价格上涨对农户生计的影响调查》，《中国经贸导刊》2004 年第 13 期。

伊志宏：《消费经济学》，中国人民大学出版社，2004。

于秀波、张琛、潘明麒：《退田还湖后替代生计的经济评估研究——以洞庭湖西畔山洲垸为例》，《长江流域资源与环境》2006 年第 5 期。

张国刚：《中国家庭史·第四卷·明清时期》，广东人民出版社，2007。

张绍合、贺建林：《从抚养比看我国人口老龄化及其政策取向》，《当代经济管理》2007 年第 4 期。

张文娟、李树茁：《劳动力外流背景下的农村老年人居住安排影响因素研究》，《中国人口科学》2004 年第 1 期。

张文娟、李树茁：《劳动力外流对农村家庭养老的影响分析》，《中国软科学》2004 年第 8 期。

张晓霞：《恩格尔系数与恩格尔定律的正确解读》，《华北金融》2006年第7期。

赵树凯：《纵横城乡：农民流动的观察与研究》，中国农业出版社，1998。

赵阳：《农村劳动力暂迁流动若干问题的研究与政策述评》，2000。

中华人民共和国国家统计局：《2005 中国统计年鉴》，中国统计出版社，2006。

中华人民共和国国家统计局：《2008 中国统计年鉴》，中国统计出版社，2009。

周皓：《流出人口与农村家庭户特征——基于流出地的分析》，《市场与人口分析》2007 年第 2 期。

Hornby AS 和李北达，1997，《牛津高阶英汉双解词典》，商务印书馆。

Kaimowitz D，2004，《森林与农民生计》，《中国林业》（5B），第 16～17 页。

Roberts MG，杨国安，2003，《可持续发展研究方法国际进展——脆弱性分析方法与可持续生计方法比较》，《地理科学进展》，22（1），第 11～21 页。

Acosta P，Fajnzylber P and Lopez H. 2007. "The Impact of Remittances on Poverty and Human Capital: Evidence from Latin American Household Surveys." *Working Paper*, World Bank.

Acosta P. 2006. "Labor Supply, School Attendance, and Remittances from International Migration: The Case of El Salvador." *Working Paper*, World Bank.

Adam MG. 2001. "Options for Use of Power Tillers And Draught Animals For Primary Cultivation On Small Farms In Bangladesh." *Project Chatham*, R7180 UK: Natural Resources Institute: University of Greenwich, pp. 1 – 32.

Adams Jr R, O'Connor D and Farsakh L. 1996. "Remmittances, Inequality and Asset Accumulation: The Case of Rural Pakistan." *Development Strategy, Employment, and Migration: Country Experiences*, Edited By O'Connor, D and Farsakh Leila, Washington. IFPRI, pp. 149 – 170.

Adams Jr RH, Cuecuecha A and Page J. 2008. "Remittances, Consumption And Investment in Ghana." *World Development*.

Adams Jr RH, Cuecuecha A and Page J. 2008. The Impact Of Remittances on Poverty And Inequality in Ghana. " *World Development.*

Adams Jr RH and Cuecuecha A. 2010. " Remittances, Household Expenditure and investment in Guatemala. " *World Development.*

Adams Jr RH. 1998. " Remittances, Investment, and Rural Asset Accumulation in Pakistan. " *Economic Development and Cultural Change,* 47 (1): 155 – 173.

Adams R and Page J. 2005. "Do International Migration and Remittances Reduce Poverty in Developing Countries?" *World Development,* 33 (10): 1645 – 1669.

Adger W, Kelly P, and Winkels A. 2002. " Migration, Remittances, Livelihood Trajectories, and Social Resilience. " *AMBIO: A Journal of the Human Environment,* 31 (4): 358 – 366.

Allison EH and Ellis F. 2001. " The Livelihoods Approach and Management of Small-Scale Fisheries. " *Marine Policy,* 25 (5): 377 – 388.

Allison EH and Horemans B. 2006. " Putting the Principles of the Sustainable Livelihoods Approach Into Fisheries Development Policy and Practice. " *Marine Policy,* 30 (6): 757 – 766.

Amuedo-Dorantes C, Georges A and Pozo S. 2008. *Migration, Remittances and Children's Schooling in Haiti.* IZA.

Amuedo-Dorantes C and Pozo S. 2006. " Remittance Receipt and Business Ownership in the Dominican Republic. " *The World Economy,* 29 (7): 939 – 956.

Angelsen A and Wunder S. 2003. " Exploring the Forest-Poverty Link: Key Concepts, Issues and Research Implications. " *CIFOR Occasional Paper.*

Ashley C and Carney D. 1999. *Sustainable Livelihoods: Lessons from Early Experience.* Department For International Development, London, UK.

Babulo B, Muys B and Nega F. 2008. " Household Livelihood Strategies and Forest Dependence in the Highlands of Tigray, Northern Ethiopia. " *Agricultural Systems,* 98 (2): 147 – 155.

Barrett CB, Reardon T and Webb P. 2001. " Nonfarm Income

Diversification and Household Livelihood Strategies in Rural Africa: Concepts, Dynamics, and Policy Implications. " *Food Policy*, 26 (4): 315 –331.

Baumann P. 2000. *Sustainable Livelihoods and Political Capital: Arguments and Evidence from Decentralisation and Natural Resource Management in India.* Overseas Development Institute.

Bebbington A. 1999. "Capitals and Capabilities: A Framework for Analyzing Peasant Viability, Rural Livelihoods and Poverty. " *World Development*, 27 (12): 2021 –2044.

Bebbington A. 1997. "Social Capital and Rural Intensification: Local Organizations and Islands of Sustainability in the Rural Andes. " *The Geographical Journal*, 163 (2).

Becker GS. 1991. *A Treatise on the Family.* Harvard University Press.

Ben-Porath Y. 1980. "The F-Connection: Families, Friends, and Firms and the Organization of Exchange. " *Population and Development Review*, 6 (1): 1 –30.

Blessings O. 2001. "Adapting to Adjustment: Smallholder Livelihood Strategies in Southern Malawi. " *World Development*, 29 (8): 1325 –1343.

Bloom DE, Canning D and Sevilla J. 2003. *The Demographic Dividend: A New Perspective on the Economic Consequences of Population Change.* RAND Corporation.

Brown RPC. 1994. "Migrants' Remittances, Savings and Investment in the South Pacific. " *International Labour Review*, 133 (3): 347 –368.

Brundtland GH. 1987. "World Commission on Environment and Development. " *Our Common Future*, pp: 8 –9.

Carney D and Britain G. 2003. "Sustainable Livelihoods Approaches: Progress and Possibilities for Change. " *Department for International Development*, London, UK.

Carney D, Drinkwater M and Rusinow T. 1999. "Livelihoods Approaches Compared: A Brief Comparison of the Livelihood Approaches of the UK Department for International Development (DFID), CARE, Oxfam and the United Nations Development Programme (UNDP) . " DFID: London.

Carney D. 1998. "Implementing the Sustainable Rural Livelihoods

Approach." *Sustainable Rural Livelihoods: What Contribution Can We Make?* p. 3.

Chambers R, Conway GR. 1992. *Sustainable Rural Livelihoods: Practical Concepts for the 21st Century.* Institute of Development Studies Brighton, UK.

Chambers R. 1983. *Rural Development: Putting the Last First.* Longman London.

Chambers R. 2006. " Vulnerability, Coping and Policy (Editorial Introduction)." *Ids Bulletin* 37 (4), pp: 33 –40.

Chami R, Fullenkamp C and Jahjah S. 2005. "Are Immigrant Remittance Flows A Source of Capital for Development?" *IMF Staff Papers* 52 (1): 55 –81.

Cherni JA, Dyner I and Henao F. 2007. " Energy Supply for Sustainable Rural livelihoods. A Multi-Criteria Decision-Support System. " *Energy Policy* 35 (3): 1493 –1504.

Cherni JA, Hill Y. 2009. "Energy and Policy Providing for Sustainable Rural Livelihoods in Remote Locations-The Case of Cuba. " *Geoforum* 40 (4): 645 –654.

Clark WAV. 1986. *Human Migration.* Sage Publications, Inc.

Connell J and Conway D. 2000. " Migration and Remittances in Island microstates: A Comparative Perspective on the South Pacific and the Caribbean. " I*Nternational Journal of Urban and Regional Research* 24 (1): 52 –78.

Coomes OT, Barham BL and Takasaki Y. 2004. "Targeting Conservation-Development Initiatives in Tropical Forests: Insights from Analyses of Rain Forest Use and Economic Reliance Among Amazonian Peasants. " *Ecological Economics* 51 (1 –2): 47 –64.

Curran S. 2002. " Migration, Social Capital, and the Environment: Considering Migrant Selectivity and Networks in Relation to Coastal Ecosystems. " *Population and Development Review* 28: 89 –125.

De Haan A. 1999. " Livelihoods and Poverty: the Role of Migration-A Critical Review of the Migration Literature" . *Journal of Development Studies* 36 (2): 1 –47.

Deshingkar P. Internal Migration, Poverty and Development in Asia. Ids Bulletin, 2006, 37 (3): 88 –100.

Department for International Development (DFID). 1999. "*Sustainable Livelihoods Guidance Sheets.*" Department for International Development, UK.

Dorigo G and Tobler W. 1983. "Push-Pull Migration Laws." *Annals of the Association of American Geographers* 73 (1): 1 – 17.

Doss C. 2003. "Conceptualizing and Measuring Bargaining Power Within the Household." *Women, Family and Works Writings on the Economics of Gender.*

Drakakis-Smith D. 1996. "Third World Cities: Sustainable Urban Development II-population, labour and poverty." *Urban Studies* 33 (4): 673 – 701.

Durand J and Massey DS. 1992. "Mexican Migration to the United States: a Critical Review." *Latin American Research Review* 27 (2): 3 – 42.

Duryea S, Cordova EL and Olmedo A. 2005. "Migrant Remittances and Infant Mortality: Evidence from Mexico." Manuscrito no Publicado BID.

Edwards AC and Ureta M. 2003. "International Migration, Remittances, and Schooling: Evidence from El Salvador." *Journal of Development Economics* 72 (2): 429 – 461.

Ellis F and Allison E. 2004. "Livelihood Diversification and Natural Resource Access." *Food and Agriculture Organisation of the United Nations, Livelihood Support Programme Working Paper.* .

Ellis F. 2003. "A livelihoods Approach to Migration and Poverty Reduction." Norwich, UK: ODG/DEV Paper Commissioned By the Department for International Development (DFID).

Ellis F. 1998. "Household Strategies and Rural Livelihood Diversification." *Journal of Development studies* 35 (1): 1 – 38.

Ellis F. 1993. *Peasant Economics: Farm Households and Agrarian Development.* Cambridge University Press.

Ellis F. 2000. *Rural Livelihoods and Diversity in Developing Countries.* New York: Oxford University Press.

Escobar A. M and de la. Martinez. 1990. "Small-Scale Industry and International Migration in Guadalajara. Mexico." *Working Paper 53*, Commission for the Study of International Migration and Cooperative Economic

Development. Washington, DC: Commission for the Study of International Migration and CO-Operative Economic Development.

Frankenberger T, Drinkwater M and Maxwell D. 2000. Operationalizing Household Livelihood Security: A Holistic Approach for Addressing poverty and Vulnerability.

Giddens A. 1979. *Central Problems in Social Theory: Action, Structure, and Contradiction in Social Analysis.* University of California Press.

Goldring L. 1990. *Development and Migration: a Comparative Analysis of Two Mexican Migrant Circuits.* Commission for the Study of International Migration and Cooperative Economic Development.

Gray C. 2008. "Environment, Land, and Rural Out-Migration in the Southern Ecuadorian Andes." *World Development.*

Habermas J. 1971. *Knowledge and Human Interests.* Boston, EUA : Beacon Press.

Hanson GH and Woodruff C. 2003. "Emigration and educational attainment in Mexico." University of California at San Diego Mimeographed.

Harris JR and Todaro MP. 1970. "Migration, Unemployment and Development: a Two-Sector Analysis." *The American Economic Review* 60 (1): 126 – 142.

Heckman JJ. 1979. "Sample Selection Bias As A Specification Error." *Econometrica: Journal of the Econometric Society.* pp. 153 – 161.

Kelman I and Mather TA. 2008. "Living with Volcanoes: The Sustainable Livelihoods approach for Volcano-Related Opportunities." *Journal of Volcanology and Geothermal Research* 172 (3 – 4): 189 – 198.

Knutsson P and Ostwald M. 2006. "A Process-Oriented Sustainable Livelihoods Approach – A Tool for Increased Understanding of Vulnerability, Adaptation and Resilience." *Mitigation and Adaptation Strategies for Global Change.*

Koczberski G and Curry G. 2005. "Making a living: Land pressures and Changing Livelihood Strategies Among Oil Palm Settlers in Papua New Guinea." *Agricultural Systems* 85 (3): 324 – 339.

Kothari U. 2002. "Migration and Chronic Poverty." *Working Paper No*

16. Institute for Development Policy and Management, University of Manchester.

Lawrence J and Singh N. 1997. "Productive Employment and Poverty Eradication: How Can Livelihoods Be More Sustainable." *UNDP Background Note*, February, 25.

Leach M and Mearns R. 1991. "Poverty and Environment in Developing Countries: An Overview Study". United Kingdom.

Lipton M. 1980. "Migration from Rural Areas of Poor Countries: the Impact on Rural Productivity and Income Distribution." *World Development* 8 (1): 1 – 24.

Lopez-Cordova E. 2005. "Globalization, Migration and Development: The Role of Mexican Migrant Remittances." *Economia 6* (1): 217 – 256.

Lucas REB. 1987. "Emigration to South Africa's Mines." *The American Economic Review* 77 (3): 313 – 330.

Mahmood RA. 1991. "Bangladesh Returned Migrants from the Middle East: Process, Achievement, and Adjustment." *Migration to the Arab World: Experience of Returning Migrants.*

Masanjala W. 2007. "The Poverty-HIV/AIDS Nexus in Africa: A Livelihood Approach." *Social Science & Medicine* 64 (5): 1032 – 1041.

Massey D, Arango J and dHugo G. 1993. "Theories of International Migration: A Review and Appraisal." *Population and Development Review*: 431 – 466.

McCarthy N, Carletto G and Davis B. 2006. "Assessing the Impact of Massive Out-Migration on Agriculture." *Rome: FAO, Agricultural and Development Economics Division (ESA) Working Paper Series*: 6 – 14.

McKenzie D and Rapoport H. 2006. "Can Migration Reduce Educational Attainment? Evidence from Mexico." *Journal of Population Economics*: 1 – 28.

Mendola M. 2008. "Migration and Technological Change in Rural Households: Complements or Substitutes?" *Journal of Development Economics* 85 (1 – 2): 150 – 175.

Moser CON and Dani AA. 2008. *Assets, Livelihoods, and Social Policy.* World Bank Publications.

Muchagata M and Brown K. 2000. *Colonist Farmers' Perceptions of Fertility and the Frontier Environment in Eastern Amazonia. Agriculture and Human Values* 17 (4): 371 – 384.

Neefjes K. 2000. *Environments and Livelihoods: Strategies for Sustainability.* Oxfam Pubns.

Newton A, Marshall E and Schreckenberg K. 2007. "Use of a Bayesian Belief Network to Predict the Impacts of Commercializing Non-Timber Forest Products on Livelihoods." *Ecology and Society* 11 (2).

Niehof A. 2004. "The Significance of Diversification for Rural Livelihood Systems." *Food Policy* 29 (4): 321 – 338.

Pender J, Jagger P and Nkonya E. 2004. "Development Pathways and Land Management in Uganda." *World Development* 32 (5): 767 – 792.

Pennartz P and Niehof A. 1999. *The Domestic Domain: Chances, Choices and Strategies of Family Households.* Ashgate.

Pollak RA. 1985. "A transaction Cost Approach to Families and Households." *Journal of Economic Literature* 23 (2): 581 – 608.

Quisumbing A and McNiven S. 2006. "Moving Forward, Looking Back: The Impact of Migration and Remittances on Assets, Consumption, and Credit Constraints in the Rural Philippines." *Unpublished paper.* International Food Policy Research Institute: Washington DC.

Ravenstein EG. 1885. "The Laws of Migration." *Journal of the Statistical Society of London* 48 (2): 167 – 235.

Reardon Stephen A. 1995. "Links Between Rural Poverty and the Environment in Developing Countries: Asset Categories and Investment Poverty." *World Development* 23 (9): 1495 – 1506.

Rivera J. 2005. "The Impact of Migration and Remittances on Distribution and Sources of Income: The Mexican Rural Case." *New York: Population Division Development of Economic and Social Affairs.* United Nations Secretariat 68.

Rozelle S, Taylor JE and DeBrauw A. 1999. "Migration, Remittances, and Agricultural Productivity in China." *American Economic Review* 89 (2): 287 – 291.

Scoones I. 1998. *Sustainable Rural Livelihoods: a Framework for Analysis.* Institute of Development Studies Brighton.

Sen A. 1997. "Editorial: Human Capital and Human Capability." *World Development* 25 (12): 1959 – 1961.

Sen A. 1982. P *Overty and Famines: An Essay on Entitlement and Deprivation.* Oxford University Press, USA.

Sen B. 2003. "Drivers of Escape and Descent: Changing Household Fortunes in Rural Bangladesh." *World Development* 31 (3): 513 – 534.

Sesabo J and Tol R. 2005. "Factors Affecting Income Strategies Among Households in Tanzanian Coastal Villages: Implication for Development-Conservation Initiatives." *Research Unit Sustainability and Global Change, Hamburg University Working Paper* FNU – 70.

Sharp K. 2003. *Measuring Destitution: Integrating Qualitative and Quantitative Approaches in the Analysis of Survey Data.* Institute of Development Studies.

Sjaastad L. 1962. "The Costs and Returns of Human Migration." *The Journal of Political Economy* 70 (5): 80.

Skeldon R. 2002. "Migration and Poverty." *Asia Pacific Population Journal* 17 (4): 67 – 82.

Sørensen P, Bekele S and Berhe KGE. 2004. *The Impact of The Joint Programme in North Wollo, Ethiopia: Enhanced Food Security and Livelihood Sustainability for the Poor.* Danish Institute for International Studies.

Stark O and Lucas REB. 1988. "Migration, Remittances, and the Family." *Economic Development and Cultural Change* 36 (3): 465 – 481.

Stark O and Taylor JE. 1989. "Relative Deprivation and International Migration." *Demography* 1989: 1 – 14.

Stark O. 1991. *The Migration of Labor.* Blackwell Cambridge, MA, USA.

Taylor EJ. 1999. "The New Economics of Labour Migration and the Role of Remittances in the Migration Process." *International Migration* 37 (1): 63 – 88.

Taylor JE, Arango J and Hugo G. 1996. "International Migration and Community Development." *Population Index* 62 (3): 397 – 418.

Taylor JE, Rozelle S and De Brauw A. 2003. "Migration and Incomes in

Source Communities: A New Economics of Migration Perspective from China. " *Economic Development and Cultural Change* 52 (1): 75 – 101.

Taylor JE. 2006. *Does Migration Reshape Expenditures in Rural Households: Evidence from Mexico.* World Bank Publications.

Turner B and Benjamin P. 1994. "Fragile Lands: Identification and Use for Agriculture. " *Agriculture, Environment, and Health: Sustainable Development in the 21st Century* 104.

Waddington C. 2003. "Livelihood Outcomes of Migration for Poor People. " *Development Research Centre on Migration, Globalisation and Poverty* Brighton, UK.

Wanmali S and Singh N. 1999. "Sustainable Livelihoods: Lessons Learned from Global Programme Experience. " *UNDP.*

Winters P, Davis B and Corral L. 2002. "Assets, Activities and Income Generation in Rural Mexico: Factoring in Social and Public Capital. " *Agricultural Economics* 27 (2): 139 – 156.

Woodruff C and Zenteno R. 2007. "Migration Networks and Microenterprises in Mexico. " *Journal of Development Economics* 82 (2): 509 – 528.

Wouterse F and Taylor JE. 2008. "Migration and Income Diversification: Evidence from Burkina Faso. " *World Development* 36 (4): 625 – 640.

Yang D. International Migration, Human Capital, and Entrepreneurship: Evidence from Philippine Migrants' Exchange Rate Shocks. World Bank Research Working Paper 3578, 2005.

Zhao Y. 2002. "Causes and Consequences of Return Migration: Recent Evidence From China. " *Journal of Comparative Economics* 30 (2): 376 – 394.

附　　录

农户家庭人口动态、生计与环境调查问卷

根据《统计法》第三章第十四条，本资料"属于私人、家庭的单项调查资料，非经本人同意，不得泄漏"。

被访人编码　　　　　　　　□□□□□□□□□

被访人姓名　　　　　　　　_____

本家庭户属于：（1）本地户　　（2）外来户（迁入年份_____年）

被访人住址　_____县（区）_____乡（镇）_____村_____村民小组

　　　　　　月　　日　　时　　分

如果调查未完成，原因是：

第一次访问　从□□　□□　□□　□□
　　　　　　到□□　□□　□□　□□

第二次访问　从□□　□□　□□　□□
　　　　　　到□□　□□　□□　□□

访问员姓名

核对人姓名

核对人的检查结果　　　　　　　　合格（　　）　　不合格（　　）

请把下面的这段话读给被访问人：

您好！西安交通大学人口与发展研究所农户生计与环境课题组正在做一

项有关农户生计策略与行为的社会调查，特邀请您参加本次调查，谢谢您的合作！

调查中将询问有关您家资产、生活、生产方面的一些问题，包括您家的人口情况、资产情况、农业生产、非农生产、消费、外出务工及社区组织情况等。

整个调查大约需要 50 分钟，课题组不会对您参加本次调查支付报酬，但会送给您一份精美小礼品对您及您全家的配合表示感谢。课题组向您郑重承诺：本次调查的信息严格保密，除了合格的研究人员，任何人不会接触这些资料。您的回答不会和任何能够表明您身份的信息产生联系。

再次感谢您的合作！

农户生计与环境课题组

2008 年 4 月

第一部分　101. 家庭基本情况（家庭成员信息表）

户主姓名＿＿＿＿

被访对象与户主关系＿＿＿＿

序号	成员情况（与户主关系见下表代码）	性别 1.男 2.女	年龄	文化程度 1.文盲 2.小学 3.初中 4.高中 5.中专技校 6.大专以上	健康状况 1.很好 2.好 3.一般 4.不好	政治面貌 1.中共党员(含预备) 2.民主党派 3.共青团员 4.群众	婚姻状况 1.未婚 2.初婚 3.再婚 4.离婚 5.丧偶	15岁以下和65岁以上的家庭成员不填写以下信息				
								曾有以下哪种经历(多选) 1.乡村干部 2.农村智力劳动者(技术员、教师、医生等) 3.企业办事员 4.军人 5.无以上经历	目前职业(单选) 按收入来源 1.学生 2.农民 3.工人 4.专业技术人员 5.私营企业主 6.企事业办事员 7.商业服务业人员 8.个体户 9.退休 10.其他	目前从事的主要行业(单选) 1.农林牧渔业 2.采掘业 3.建筑业 4.农业服务业 5.交通运输业 6.批发零售业 7.行政事业 8.制造加工业 9.其他	是否掌握某项手艺和技术(如厨艺、兽医、木工养蜂技能、编织技能等) 1.是 2.否	接受过以下何种培训(多选) 1.农业培训 2.非农培训(包括非正式的如学徒) 3.都没有
	A	B	C	D	E	F	G	H	I	J	K	L
1	□□	□	□□	□	□	□	□	□□	□□	□	□	□□
2	□□	□	□□	□	□	□	□	□□	□□	□	□	□□
3	□□	□	□□	□	□	□	□	□□	□□	□	□	□□
4	□□	□	□□	□	□	□	□	□□	□□	□	□	□□
5	□□	□	□□	□	□	□	□	□□	□□	□	□	□□
6	□□	□	□□	□	□	□	□	□□	□□	□	□	□□
7	□□	□	□□	□	□	□	□	□□	□□	□	□	□□
8	□□	□	□□	□	□	□	□	□□	□□	□	□	□□
9	□□	□	□□	□	□	□	□	□□	□□	□	□	□□

成员代码：户主—10；配偶—20；长子子女—31；长子女配偶—32；次子子女—33；次子女配偶—34；三子子女—35；三子女配偶—36……
父母—50；兄弟姐妹—60；长孙子女—71；次孙子女—72……长曾孙子女—81……

第二部分　家庭的资本情况

201. 家庭经营土地情况（没有填"0"）

1. 耕地共有□块	
2. 耕地总面积：	□□亩□分
3. 其中,水浇地面积：	□□□亩□分
4. 坡地面积：	□□□亩□分
5. 林地面积(包括自留山、承包林等)：	□□□亩□分
6. 其中,退耕还林面积：	□□□亩□分
7. 果园面积：	□□□亩□分

202. 您家人是否参加了购销协会、种植协会等组织？

　　　　1. 是　　　　　　　　2. 否　　　　　　　　　　□

203. 您家有几间房？　　　　　　　　　　　　　　　　　　□

204. 您家现在居住的房屋主要结构是　　　　　　　　　　□

　　　　1. 土木结构　　　　　　2. 砖木结构

　　　　3. 砖混结构　　　　　　4. 其他（请注明_____）

205. 您家的房子是否靠近公路？　　1. 是　　2. 否　　　□

206. 您家房屋的估价（现价)？　　　　　　　　　　　　□

　　　　1. 1 万元以下　　　2. 1 万 ~ 3 万元　　　3. 3 万 ~ 5 万元

　　　　4. 5 万 ~ 10 万元　　5. 10 万元以上

207. 您家以下生产性工具、交通工具或耐用品的数量（有则填数字，无则填0)？

电动自行车	机动四轮	机动三轮	拖拉机	摩托车	汽车	水泵	电视	冰箱/柜	洗衣机
□	□	□	□	□	□	□	□	□	□
A	B	C	D	E	F	G	H	I	J

208. 最近三年内，有没有从亲朋好友处借钱？　　　　　　□

　　　　1. 有　　　　　　　　2. 没有（跳到第 210 题）

209. 最近三年内，从亲朋好友处共借了多少钱？　　□□□□□元

210. 当您家急需大笔开支时（如婚嫁、生病及经营），您估计丈夫可向

多少户求助？　　　　　　　　　　　　　　　　　　　　□□

211. 当您家急需大笔开支时（如婚嫁、生病及经营），您估计妻子可向
     多少户求助？　　　　　　　　　　　　　　　　　　　　□□

212. 如果您家人需要寻找（非农）工作，有多少户家庭可以为您家提
     供帮助？　　　　　　　　　　　　　　　　　　　　　　□□

213. 您家上个月的通信费用（包括手机、固话）是多少元？（没有
     填 0）　　　　　　　　　　　　　　　　　　　□□□□元

214. 您家目前是否有人担任乡、村干部？　　　　1. 是　　2. 否　　□

215. 您亲戚中有几个村干部、乡镇干部及其他国家公职人员？　　□

216. 您家人是否有宗教信仰（如佛教、基督教、天主教）？
     1. 是　　　　　　　　2. 否　　　　　　　　　　　　　□

217. 您家是否借过高利贷？　　　1. 有　　　2. 没有　　　　□

218. 是否在银行有存款？　　　1. 有　　2. 没有（跳到第 220 题）□

219. 钱存在谁的名下？　　　　　　　　　　　　　　　　　　□
     1. 全是丈夫　　　　　　2. 全是妻子
     3. 两人都有　　　　　　4. 其他（请注明_____）

220. 您家是否从银行或 WWF（世界野生动物保护基金会）等处贷过款
     或被其资助过？　　1. 有　　2. 没有（跳到第 225 题）　□

221. 贷款人或被资助人是谁？□
     1. 全是丈夫　　2. 全是妻子　　3. 两人都有　　4. 其他（请注明
     _____）获得的贷款和资助的总金额是多少？　□□□□□元

222. 是否有抵押品？　　　　　　　　　　　　　　　　　　　□
     1. 有　　　　　　　　2. 没有（跳到第 225 题）

223. 所用的抵押品种类是什么（多选）？　　□□□□□
     1. 存折等金融物品　　2. 房屋　　　　　3. 土地
     4. 生产性物资　　　　5. 其他（请注明_____）

224. 是否有申请贷款或资助却没有成功的经历？　　　　　　　□
     1. 是　　　　　　　　2. 否（跳到第三部分）

225. 您认为申请不到贷款或资助的原因是什么？　　　　　　　□
     1. 手续烦琐　　　　2. 对方不信任自己　　　　3. 无抵押品
     4. 无担保人或关系　　5. 其他（请注明_____）

第三部分　家庭生计

一　家庭的生产行为

（一）农业生产

301. 去年您家都种了些什么作物（多选）？

  301.1　农作物　　　　　　　　　　　□□□□□□

    1. 小麦　　　2. 玉米　　　3. 大豆　　　4. 土豆

    5. 油料（如花生、油菜）　　6. 果树

    7. 其他（请注明_____）

  301.2　林作物　　　　　　　　　　　□□□□□□

    1. 山茱萸　　2. 核桃　　　3. 板栗　　　4. 花椒

    5. 香菇　　　6. 木耳　　　7. 其他（请注明_____）

302. 主要农林产品产量及出售数量。（按种植面积和收入的多少填空，最多填三种；没有则填"0"）

	农作物（见301.1题选项）			林产品（见301.2题选项）		
1. 代码（见301题选项）	□ A	□ B	□ C	□ D	□ E	□ F
2. 种植面积（亩/分）	□□/□	□□/□	□□/□	□□/□	□□/□	□□/□
3. 总产量（斤）	□□□□	□□□□	□□□□	□□□□	□□□□	□□□□
4. 出售（斤）	□□□	□□□	□□□	□□□	□□□	□□□
5. 售价（元/斤）	□□	□□	□□	□□	□□	□□
6. 挂果的树占比	□□□%	□□□%	□□□%	□□□%	□□□%	□□□%
7. 挂果的树平均年限	□□年	□□年	□□年	□□年	□□年	□□年

303. 去年一年使用的生产资料及雇工情况。

化肥	农药	种子	雇工	农家肥
□□□□元	□□□□元	□□□□元	□□□□元	□□□□斤
1	2	3	4	5

304. 去年您家主要农产品的出售地点在哪儿？　　　　　□

  1. 本村（如卖给了过来收购的商贩）

2. 本乡镇（比如在集市上出售）

3. 其他（请注明＿＿＿＿＿＿）

305. 去年您感觉您家是否有因自然灾害或其他原因使农林业收入受到
损失？　　　　　　　　　　　　　　　　　　　　　□

　　1. 是　　　　　　　　2. 否（跳到第 307 题）

306. 您估计去年农林业收入的总损失大致在多少元？　　　　□

　　1. 500 元以下　　　　　　2. 500～1000 元

　　3. 1000～1500 元　　　　　4. 1500 元以上

307. 去年您家是否养殖了牲畜、家禽或其他小动物（包括蜜蜂）？

　　1. 是　　　　　　　　2. 否（跳到第 310 题）

308. 去年您家养殖了哪些牲畜、禽类或其他小动物（多选）？
□□□□□□

　　1. 牛　　　　　　　　2. 猪

　　3. 羊　　　　　　　　4. 鸡、鸭

　　5. 蜂　　　　　　　　6. 其他（请注明＿＿＿＿＿＿）

309. 畜产品信息。（2007 年）

	牛	猪	养蜂
1. 全年出栏数量	□□头/只	□□头/只	（不填）
2. 年底存栏数量	□□头/只	□□头/只	□□箱
3. 出售数量	□□头/只	□□头/只	（蜂蜜）□□□斤
4. 出售收入（元）	□□□□□	□□□□□	□□□□□
	A	B	C

（二）非农经营

310. 您家里从事了以下哪些非农经营活动？（多选，如没有则填 0 并跳
到第 315 题）　　　　　　　　□□□□□□□□

　　1. 住宿餐饮（"农家乐"）

　　2. 商业（"小商店，购销等"）

　　3. 交通运输（"货运、客运等"）

　　4. 农产品加工（"如碾米、榨油、轧花、药材加工等"）

　　5. （"汽车、农机具等"）修理服务

　　6. 农业服务（"如灌溉、机器收割等"）

7. 工业品加工及手工业

8. 文教卫生 （"如行医、理发、托儿所等"）

9. 其他（请注明_____）

311. 请从第310题的选项中选择最重要的两种非农经营活动，按下表填入信息（没有填"0"）：

项目	A	B
1. 经营类型(见310题的选项)	☐	☐
2. 开始时间(年份)	☐☐☐☐	☐☐☐☐
3. 是否有营业证:1. 有 2. 没有	☐	☐
4. 总固定资产(如房屋、机器)	☐☐万元	☐☐万元
5. 初始投资(如房屋改造,工具购置等)	☐☐万元	☐☐万元
6. 去年总固定资产投资	☐☐☐☐☐元	☐☐☐☐☐元
7. 去年总经营支出	☐☐☐☐☐元	☐☐☐☐☐元
8. 其中,雇工支出	☐☐☐☐☐元	☐☐☐☐元
9. 去年税费支出	☐☐☐☐元	☐☐☐☐元
10. 年营业额	☐☐☐☐☐元	☐☐☐☐☐元
11. 年纯收入(亏损加"－"号)	☐☐☐☐☐元	☐☐☐☐☐元

312. 您家从事非农经营活动的初始资本的来源包括（按重要性高低排序前三位）　　　　　　　　　　　　　☐☐

　　1. 家庭积累　　　　2. 银行贷款　　　　3. 亲友借贷

　　4. WWF 资助　　　　5. 务工　　　　　　6. 高利贷

　　7. 其他（请注明_____）

家中经营农家乐的请填写第313题、第314题，否则跳到第315题。

313. 您家经营的农家乐现有多少床位？（没有填"0"）　　　☐☐张

314. 去年农家乐接待的游客大约有多少人？（没有填"0"）　☐☐☐☐人

315. 如果家庭成员中有人做向导背工，去年向导背工年收入大约有多少钱？　　　　　　　　　　　　　　　　　☐☐☐☐

316. 您未来最希望发展的生产或经营意愿是？（单选）　　　☐

　　1. 从事和扩大做生意，如商店、农家乐等　　2. 扩大农业林业生产

　　3. 增加养蜂量　　　　　　　　　　　　　　4. 增加外出务工

　　5. 其他（请注明_____）

317. 家庭成员劳动时间表（没有的填"0"）

此表询问您家里各个劳动力在各种经营活动（农业和非农）中的劳动时间。请您大致估算：（1）农忙农闲时间合起来，去年一年此家庭成员分别在田地里和林地上，一共干了几个月的活儿？平均多少天／月？（2）此家庭成员在非农经营上（见第310题）的劳动时。

经营活动	(1)成员序号(指家庭第几个成员,见问卷第一部分)				
	劳动力□(A)	劳动力□(B)	劳动力□(C)	劳动力□(D)	劳动力□(E)
农作物	□□月□□天	□□月□□天	□□月□□天	□□月□□天	□□月□□天
林产品	□□月□□天	□□月□□天	□□月□□天	□□月□□天	□□月□□天
非农经营	□□月□□天	□□月□□天	□□月□□天	□□月□□天	□□月□□天

农作物主要指田地里种植的作物：如小麦、玉米、大豆、土豆等；林作物主要指林地里种植的作物，如山茱萸、核桃、板栗、香菇、木耳等。

（三）务工行为

您家中如果有成员正在务工或有过务工的经历，请填下表；如果没有务工行为，请跳过此表。如果是目前或最近一次是在外地务工（外乡镇），请将信息填入前三列；如果一直在本地务工（本乡镇），请将信息填入后三列。如果务工成员大于3人，则取最重要的前3个填写。

318. 家庭成员代码 (指家庭第几个成员,见问卷第一部分) 问题	A □ (外地)	B □ (外地)	C □ (外地)	D □ (本地)	E □ (本地)	F □ (本地)
319. 您家中务工成员目前是什么状态？ 1. 正在务工(跳到第321题) 2. 有务工经历(曾经打过工,但目前在家)	□	□	□	(不填)	(不填)	(不填)
320. 您家中外出者最后一次回家到现在多久了？ 1. 0~6个月　2. 6个月~1年 3. 1~3年　　4. 3年以上	□	□	□	(不填)	(不填)	(不填)
321. 您家中务工成员从开始务工到现在多少年了？(不足一年按一年算)	□□	□□	□□	□□	□□	□□
322. 您家庭中务工者目前或最近一次务工的地点是在: 1. 本县　2. 本省　3. 外省(市)	□	□	□	(不填)	(不填)	(不填)

续表

318. 家庭成员代码 （指家庭第几个成员,见问卷第一部分） 问　题	A □ （外地）	B □ （外地）	C □ （外地）	D □ （本地）	E □ （本地）	F □ （本地）
323. 您家庭中外出务工者目前或最近一次务工的地区类型: 1. 农村　2. 乡镇或县城　3. 地级市 4. 省会或直辖市　5. 其他(注明)_____	□	□	□	（不填）	（不填）	（不填）
324. 目前或最近一次务工所从事的职业是: 325. 您家的务工成员初次务工的职业是: 1. 农业帮工　2. 矿工　3. 建筑工 4. 工厂工人　5. 销售员　6. 娱乐业服务员 7. 餐饮服务员　8. 美容美发　9. 废品收购 10. 保洁　11. 家政　12. 司机 13. 其他(注明_____)	□□ □□	□□ □□	□□ □□	□□ □□	□□ □□	□□ □□
(务工一年以下者不答此题) 326. 您家务工成员刚开始务工的时候一个月挣多少钱?	□□ □□	□□ □□	□□ □□	□□ □□	□□ □□	□□ □□
327. 您家务工成员现在一个月挣多少钱?	□□□□	□□□□	□□□□	□□□□	□□□□	□□□□
328. 您家务工成员务工前是做什么的? 1. 务农　2. 学生　3. 学徒 4. 非农经营　5. 其他(注明)_____	□	□	□	□	□	□
329. 您家务工成员是否接受过与目前从事的工作相关的技能培训? 1. 是　2. 否	□	□	□		□	□
330. 去年您家庭中务工成员的年工作时间:平均一年打几个月的工?	□□	□□	□□	□□	□□	
331. 去年您家庭中务工成员的周工作时间:平均一周打几天工?	□□	□□	□□	□□	□□	
332. 去年您家庭中务工成员一共给家里几次钱? (没有给的填0)	□□	□□	□□	（不填）	（不填）	（不填）
333. 去年您家庭中务工成员一共给了家里多少元钱? (没有给的填0)	□□□ □□	□□□ □□	□□□ □□	□□□ □□	□□□ □□	□□□ □□

318. 家庭成员代码 （指家庭第几个成员,见问卷第一部分） 问　题	A ☐ （外地）	B ☐ （外地）	C ☐ （外地）	D ☐ （本地）	E ☐ （本地）	F ☐ （本地）
334. 去年您家庭中外出务工者多久能同家里联系一次（电话或其他方式）？ 1. 每天　2. 每周　3. 半个月 4. 一个月　5. 三个月　6. 半年以上	☐	☐	☐	（不填）	（不填）	（不填）
335. 您家庭中外出务工者在外务工时是否签订了用工合同？ 1. 是　2. 否　3. 不了解	☐	☐	☐	（不填）	（不填）	（不填）
336. 您家庭在务工者所在地的亲友数量？（没有的填"0"）	☐	☐	☐	（不填）	（不填）	（不填）
337. 您家庭中务工成员去年一年换了几次工作？（没有的填"0",不了解的填×）	☐	☐	☐	☐	☐	☐

（四）财产性收入与财产性损失

338. 去年您家获得政府补助（如退耕补助、农业补助等）大约为多少钱？

☐☐☐☐元

339. 去年您家来自资产出租收入（如租出房屋等）、亲友馈赠等大约为多少钱？

☐☐☐☐元

340. 您家庭是不是低保户？　☐

　　1. 是　　　　　2. 否（跳到第342题）

341. 政府去年给您家每月的低保补贴是多少元？　☐☐☐元/月

　　去年您家是否卖牲畜、出售存粮、卖林木？　1. 是　2. 否　☐

　　与前年相比，您家去年总收入有没有变化？

　　1. 增加　　　　2. 减少　　　　3. 无变化　☐

342. 与前年相比，您家去年的总收入大概有多大变化？　☐☐☐☐元

二　家庭的生活行为

（一）消费行为

343. 去年用于做饭、取暖的薪柴有多少斤？　☐☐☐☐斤

344. 去年薪柴使用量比前年增加还是减少了？　☐

　　1. 增加　　　　2. 无变化　　　　3. 减少

345. 去年上山采草药的数量。（没有的填 0）　　　　□□□□斤

346. 去年上山采草药的收入。（没有的填 0）　　　　□□□□□元

347. 去年采药的数量比前年增加还是减少了？　　　　□

　　　1. 增加　　　　　2. 无变化　　　　　3. 减少

348. 您家里遭遇风险或者经济困难之后，您是否会增加上山采集草药
　　　的数量？　　　　　　　　　　　　　　　　　　　□

　　　1. 很大可能　　　2. 可能　　　　　　3. 不太可能

　　　4. 非常不可能

349. 您家是否使用煤气？　　　　　　　　　　　　　□

　　　1. 是　　　　　　2. 否（跳到第 353 题）

350. 如果是，您家去年使用的煤气为多少罐？　　　　□□

351. 您家去年所有的现金消费加起来共花了多少钱？　□□□□□元

352. 您家前年所有的现金消费加起来共花了多少钱？　□□□□□元

353. 您估计您家今年和去年相比，现金消费会不会有较大的变化？　□

　　　1. 增加　　　　　2. 减少　　　　　3. 无变化（跳到第 357 题）

354. 您估计大概会有多少钱的变化？　　　　　　　　□□□□□元

355. 您家上个月的米、面、油、肉、菜花了多少钱？　□□□□元

356. 您家中子女有几个在外（本县城或外县）读书？（没有的填 0）□

357. 请您填写您家去年或前年的消费明细。若无此类消费，请填 0。

时间　消费明细	A. 盖房、家具、电器等耐用品消费	B. 子女上学支出	C. 因大病而住院的所有相关费用	D. 用于慢性病的保健与医疗费	E. 婚丧嫁娶、礼金费用（红、白事）
1. 去年（元）	□□□□	□□□	□□□□	□□□□	□□□□
2. 前年（元）	□□□□	□□□	□□□□	□□□□	□□□□

358. 您认为满足您家最低生活水平大概每月需要多少钱？　□□□□元

359. 您觉得遭遇经济上的困难之后，您家里最主要的处理策略是
　　　（单选）：　　　　　　　　　　　　　　　　　□

　　　1. 外出务工　　　　　　　　　　　2. 卖存粮、牲畜等资产

　　　3. 减少消费，如孩子退学、减少开支　4. 借钱

　　　5. 动用家里的储蓄　　　　　　　　6. 其他（请注明＿＿）

（二）家务和分工

（适用于家庭户中夫妻双方都存活的样本，且调查对象必须是夫妻双方中的一人，否则跳问第四部分）

360. 与您爱人相比，您的收入比他（她） □

    1. 多得多   2. 多

    3. 基本差不多   4. 少

    5. 少得多

361. 您平均每天家务劳动几小时（照料小孩、做饭洗衣、饲养家畜）？

  □

362. 您爱人平均每天的家务劳动时间有几小时？ □□

363. 家中照料孩子和老人以及做家务，您认为应该主要是谁的事情？

  □

    1. 自己   2. 大多是自己，但配偶帮忙

    3. 双方共同做   4. 大多是配偶，但自己帮忙

    5. 配偶

364. 与您爱人比，家庭中的现金您能自由支配的程度 □

    1. 全部   2. 大部分，但要和配偶商量

    3. 双方差不多   4. 大多是配偶，但和自己商量

    5. 配偶

问题 365 ~ 367 的选项相同，见表格最后一行。

365. 您家庭主要事情（如盖房、购买大件物品、经营买卖）的决策是由谁决定的？	□
366. 您家庭关于孩子的教育、健康等问题（如孩子上学、生病了去哪儿看病等）主要是由谁决定的？如果家庭中不存在这个问题，请问假如您有了小孩（或您家以往），这种情况由谁决策？	□
367. 如果您有机会出外务工，您出外务工的决策权主要由谁决定？	□

选项：1. 自己   2. 大多是自己，但与配偶商量   3. 双方共同商量决定

    4. 大多是配偶，但与自己商量   5. 配偶

第四部分　参与式森林资源管理

您对于参与式森林资源管理的意愿情况如何?

选项:1. 非常愿意　2. 愿意　3. 无所谓　4. 不愿意　5. 非常不愿意	
401. 如果国家允许农户承包集体林,您愿意承包本村的集体林吗?	☐
402. 如果您家未来承包了集体林,您愿意发展林业经营吗?（如种植山茱萸、中草药、林下经济作物等）	☐
403. 如果您家未来承包了集体林,您对于所承包的集体林地流转的意愿如何?	☐
404. 您愿意参加有偿性的村上组织的森林管护吗?（如山林防火、山林巡护等）	☐
405. 您愿意参加村上组织的无偿性的森林管护吗?（如山林防火、山林巡护等）	☐
406. 您愿意参加和开展环境保护宣传吗?	☐
407. 您愿意主动举报偷盗林木、偷猎现象吗?	☐
408. 您愿意参加森林资源保护、森林资源管理计划等方面的培训吗?	☐
409. 您对于发展本村的集体合作组织,如发展本村的农林产品信息协会、购销合作组织的意愿如何?	☐

您对于以下管理制度的了解情况如何?

选项:1. 非常了解　　　2. 有一些了解　　　3. 了解得较少　　　4. 几乎不了解	
410. 您了解目前国家正在进行的集体林权制度改革的情况吗?	☐
411. 您了解林业部门和本村的森林资源管理的相关规定吗?（如木材砍伐、薪柴收集、林产品利用等各项管理制度）	☐
412. 您了解本村的村规民约吗?	☐

您对于集体林权制度改革、本地森林资源管理制度等的满意情况如何?

选项:1. 非常满意　2. 满意　3. 无所谓　4. 不满意　5. 非常不满意	
413. 如果政府在本地区实行集体林权制度改革,如允许承包集体林、允许林地流转、给予农户更多林地和林木自由处置权利等,您对于该项国家政策满意吗?	☐
414. 您对于林业部门和本村的各项森林资源管理与利用的相关规定满意吗?（如木材砍伐制度、薪柴收集制度、林产品利用制度等）	☐

您家庭林产品收入变化以及您所感知的周边环境质量变化情况如何?

选项:1. 很大增加　2. 有一些增加　3. 无变化　4. 有一些减少　5. 很大减少	
415. 您家近两三年来各种林业收入(如所种植的林产品、养蜂及蜂产品、采草药等)的变化情况如何?	☐
416. 与以往相比,您认为自己的承包土地/林地的水土流失情况如何?	☐
417. 与以往相比,您认为自己承包土地/林地的肥力情况如何?	☐
418. 您认为本村周围的森林覆盖率的变化情况如何?	☐

您参与集体事务或者您认为村里的一些事情的发生情况如何?

选项:1. 非常多　2. 经常　3. 有时　4. 很少　5. 几乎从不	
419. 您以往给村干部或村委会提出有关村里的公共事务、村发展建议等的情况如何?	☐
420. 您家以往参加村集体事务,如村上的集体劳动兴修水利设施、村上修公路等的情况如何?	☐
421. 村里遇到重大事件需要决策时,您认为村干部应该与村民们商量吗?	☐
422. 您认为本村或附近偷罚林木、砍香菇棒等活动的发生情况如何?	☐

您认为本村森林资源管理制度的实施和执行情况?

选项:1. 非常好　2. 好　3. 一般　4. 不好　5. 非常不好	
423. 您及您家庭成员对于林业部门和本村森林资源的各项管理规定或制度,如木材砍伐、薪柴收集、林产品利用等制度的遵守情况如何?	☐
424. 您认为,您村上的其他农户对于林业部门和本村森林资源的各项管理规定或制度,如木材砍伐、薪柴收集、林产品利用等制度的遵守情况如何?	☐
425. 如果本村发生了村民偷伐林木、砍香菇棒,或者村民违反森林资源管理的一些规定或制度时,您认为村上对这些事件的处理及其公平合理情况如何?	☐
426. 您认为总体上,本地区由林业部门制定和监管、村上负责配合的森林资源管理制度的贯彻实施和执行情况如何?	☐

请您对于本地区以下林业政策给出您的观点。

选项:1. 非常同意　2. 同意　3. 无所谓　4. 不同意　5. 非常不同意	
427. 本地区建立自然保护区和实施天然林工程对您家生产和经营活动产生限制。	☐
428. 林业部门应该给予本村庄更多的林地使用权和林木经营的自主权。	☐
429. 本村划入的生态公益林,或者划入天然林工程的集体林、自留山等,政府应该给予农户一定的经济补偿。	☐

以下询问您对于本村庄和邻里关系的一些看法，请您给出您的观点。

选项:1. 非常同意 2. 同意 3. 无所谓 4. 不同意 5. 非常不同意	
430. 上一次与村里签订责任田或者退耕地的承包合同时,您觉得您有一定的发言权并且您的意见得到了尊重。	☐
431. 本村上次所开展的土地承包活动是公平合理的。	☐
432. 总体上,您很喜欢居住在本村。	☐
433. 您经常到邻居家串门。	☐
434. 与本村其他村民搞好关系对您很重要。	☐
435. 如果有机会,您想搬家离开此村庄。	☐
436. 和您关系很好的朋友都是本村的。	☐
437. 在思想和观念方面,您和本村其他村民都差不多。	☐
438. 当您需要帮助,如需要修理房屋、地里农活需帮忙时,您想其他村民们会来帮忙。	☐
439. 您估计您未来若干年还会居住在本村庄。	☐
440. 您家很少有邻居来串门。	☐
441. 路上碰到村里的人,您很少停下来与他们聊天。	☐

442. 您本人或者家庭成员曾经参加过竞选村委会成员或者村干部吗?

    1. 是   2. 否   ☐

443. 您过去一年中参加村民集体大会或者集体事务讨论会的次数。 ☐次

444. 您或您的家人是否和本村的农户一起参与过集体林的管护活动?

                                                   ☐

    1. 是   2. 否   3. 本题不适用

445. 您或您的家人是否对周围的人宣传过有关森林资源管护或者环保方面的知识?

                                                   ☐

    1. 是   2. 否

446. 您或您的家人是否参加过森林资源管护或者环保方面的相关培训?

                                                   ☐

    1. 是   2. 否

447. 您或您的家人是否参与过林业部门或其他组织所举办的森林资源管理方面的座谈会?

    1. 是   2. 否   ☐

448. 您或您的家人是否给村上提过森林资源管护或者环保方面的建议?

                                                   ☐

    1. 是　　　　　　　　　　2. 否

449. 您或您的家人是否向有关部门举报或者阻止过偷伐林木、偷猎野
    生动物的现象？　　　　　　　　　　　　　　　　　　□
    1. 是　　　　　　　　　　2. 否

第五部分　自然生态政策及生态补偿情况

450. 您家里退耕地的转换情况如何？　　　　　　　　　　□
    1. 转成果树等经济林　　2. 转成生态林
    3. 本问题不适用（跳到第 507 题）

451. 退耕后您家里来自退耕地的收入与之前相比，年总收入的增加或
    者减少情况如何？　　　　　　　　　　　　　　　　□
    1. 增加　　　　　　　　　2. 减少
    3. 无变化（跳到第 504 题）

452. 退耕后您家去年来自退耕地的年收入与退耕前该土地收入相比变
    化多少？　　　　　　　　　　　　　　　□□□□元

453. 如果国家停止了退耕还林的补助，您家是否恢复耕种粮食？
    1. 是　　　　　　　　　　2. 否　　　　　　　　　□

454. 实施退耕还林以后，本家庭是否因为农业劳动力的需求减少而出
    现了闲置的劳动力？　　　　　　　　　　　　　　　□
    1. 是　　　　　　　　　　2. 否

455. 本家庭因为退耕后农业劳动力的需求减少而外出务工吗？
    1. 是　　　　　　　　　　2. 否　　　　　　　　　□

456. 本地建立自然保护区和天然林工程之后，您家里年收入的增加或
    者减少情况如何？　　　　　　　　　　　　　　　　□
    1. 增加　　　　　　　　　2. 减少
    3. 无变化（跳到第 509 题）

457. 本地建立自然保护区和天然林工程之后，您家里年收入变化多少？
    　　　　　　　　　　　　　　　　　　　　□□元

458. 如果国家实施对划入生态公益林、天然林工程的集体林、自留山
    等给予一定的补偿，您认为什么样的补偿标准比较合理？
    　　　　　　　　　　　　　　　　　□□□元/亩

459. 对于生态公益林或划入天然林工程的集体林，您认为对您家庭补偿的方式，哪一种更好些？ □

　　1. 粮食补偿　　　　　　2. 现金补偿　　　　　3. 两者结合起来

460. 总体上，您对于本地区的自然生态保护政策（如退耕还林、天然林工程、建立自然保护区）的态度是什么样的？ □

　　1. 非常支持　　　　　　2. 支持　　　　　　　3. 无所谓

　　4. 不支持　　　　　　　5. 非常不支持

图书在版编目（CIP）数据

微观视角下劳动力外出务工与农户生计可持续发展/李聪，李树茁，（美）费尔德曼（Feldman，M. W.）著.—北京：社会科学文献出版社，2014.10

（西安交通大学人口与发展研究所·学术文库）

ISBN 978 - 7 - 5097 - 6393 - 3

Ⅰ.①微…　Ⅱ.①李…　②李…　③费…　Ⅲ.①农村劳动力 - 劳动力转移 - 影响 - 不发达地区 - 农村经济 - 研究 - 中国　Ⅳ.①F323

中国版本图书馆 CIP 数据核字（2014）第 194201 号

西安交通大学人口与发展研究所·学术文库

微观视角下劳动力外出务工与农户生计可持续发展

著　　者/李　聪　李树茁　〔美〕费尔德曼

出 版 人/谢寿光
项目统筹/周　丽　高　雁
责任编辑/王玉山 等

出　　版/社会科学文献出版社·经济与管理出版中心（010）59367226
　　　　　地址：北京市北三环中路甲 29 号院华龙大厦　邮编：100029
　　　　　网址：www. ssap. com. cn
发　　行/市场营销中心（010）59367081　59367090
　　　　　读者服务中心（010）59367028
印　　装/三河市尚艺印装有限公司

规　　格/开　本：787mm × 1092mm　1/16
　　　　　印　张：12.25　字　数：204 千字
版　　次/2014 年 10 月第 1 版　2014 年 10 月第 1 次印刷
书　　号/ISBN 978 - 7 - 5097 - 6393 - 3
定　　价/65.00 元